Vorwort

Diese Darstellung der Investitionsrechnung entspricht inhaltlich den einschlägigen universitären Veranstaltungen. Sie soll dem Studenten beim **systematischen Vor- und Nacharbeiten** helfen und als **Repetitorium** für Klausur und Examen dienen. Für den Praktiker ist sie eine knappe und präzise Einführung, die sich auf das Wesentliche konzentriert und ihm bereits innerhalb kurzer Zeit einen sehr guten **Überblick** verschafft.

Die vorliegende Neuauflage wurde aktualisiert und ist jetzt auf dem Stand Oktober 2006. Das bewährte Konzept, das Thema besonders **verständlich** und **strukturiert** darzustellen, blieb unverändert. Auch das handliche Format wurde bewusst beibehalten, so dass Investitionsrechnung leicht in jede Vorlesung mitgenommen werden kann. Bei Berührungspunkten mit den anderen Buchtiteln des WRW-Kompaktstudiums wurden Querverweise für den interessierten Leser eingefügt.

Alle Buchtitel des WRW-Kompaktstudiums (vgl. S. 67) und damit auch Investitionsrechnung ergänzen sich und sind einheitlich nach den folgenden drei Merkmalen gestaltet:

- **Struktur und Übersichtlichkeit.** Oberbegriffe erscheinen bei ihrer Erläuterung **fett**; wichtige Sachverhalte werden durch *Kursivschrift* hervorgehoben. Zur besseren Strukturierung des Textes werden Aufzählungen, Unterteilungen und Beispiele eingerückt dargestellt. Eigennamen erscheinen als KAPITÄLCHEN. Für das Verständnis entscheidende Wörter oder Wortteile sind unterstrichen. – Die Terminologie in der Literatur ist leider nicht einheitlich; deswegen wird das jeweils *meistverwendete* oder *verständlichste* Fachwort benutzt. Nach der Erläuterung jedes Fachworts werden andere, ebenfalls verwendete Begriffe in Klammern aufgezählt, um dem Leser die Orientierung zu erleichtern.

- **Abbildungen und Tabellen.** Die verbale Darstellung wird, soweit es sinnvoll ist, durch übersichtliche *Abbildungen* und prägnante *Tabellen* zusammengefasst.

- **Beispiele und Übungsaufgaben.** Viele *Beispiele* und deren *Lösungen* tragen zum besseren Verständnis bei. Zudem wurde großer Wert auf *Übungsaufgaben* – natürlich ebenfalls mit *Lösungen* – gelegt, welche die intensive Wiederholung erleichtern.

Für eine optimale Klausurvorbereitung wird vorgeschlagen:

1. Zur Vorstrukturierung Investitionsrechnung bei Semesterbeginn zügig, aber ganz zu lesen; Geschwindigkeit hat dabei Vorrang vor dem Verständnis aller Details;
2. während des Semesters Investitionsrechnung veranstaltungsbegleitend gründlich durchzuarbeiten und durch Randbemerkungen zu ergänzen; und
3. am Semesterende Investitionsrechnung zur Wiederholung nochmals zu lesen.

Übrigens… Wir freuen uns über Kommentare, Ideen und Meinungen an: hinweise@wrw-verlag.de . Sie haben in diesem Buchtitel etwas nicht verstanden? Schicken Sie Ihre Frage mit Angabe der Seite an: fragen-0076@wrw-verlag.de .

Viel Spaß bei der Lektüre!

Im Oktober 2006   Nikolaus Rollwage

Inhaltsverzeichnis

1 Einführung 5

2 Einzel- und Auswahlentscheidung 7
2.1 Statische Verfahren 7
    2.1.1 Kostenvergleichsrechnung 8
    2.1.2 Gewinnvergleichsrechnung 13
    2.1.3 Rentabilitätsrechnung 14
    2.1.4 Amortisationsrechnung 16
2.2 Dynamische Verfahren 18
    2.2.1 Kapitalwertmethode 20
    2.2.2 Methode des internen Zinsfußes 24
    2.2.3 Annuitätenmethode 27
    2.2.4 Einfluss der Methodenwahl auf das Ergebnis 30

3 Optimale Nutzungsdauer und Ersatzzeitpunkt 33
3.1 Optimale Nutzungsdauer 34
    3.1.1 Einmalige Investition 34
    3.1.2 Mehrmalige Investition 35
3.2 Optimaler Ersatzzeitpunkt 38
    3.2.1 Lösungsansatz: Kostenvergleichsrechnung 38
    3.2.2 Lösungsansatz: Kapitalwertmethode 40

4 Steuern und Inflation 41
4.1 Steuern 41
    4.1.1 Standardmodell 44
    4.1.2 Zinsmodell 45
    4.1.3 Steuerparadoxon 46
4.2 Inflation 48

5 Investitions- und Finanzierungsprogrammplanung 51
5.1 Investitionsprogramm bei absoluter Budgetgrenze 51
5.2 Simultane Investitions- und Finanzplanung 53
    5.2.1 Einperiodenfall 53
    5.2.2 Mehrperiodenfall 55

6 Unvollkommener Kapitalmarkt 58
6.1 Vermögensendwertmethode 58
6.2 Sollzinssatzmethode 58

7 Entscheidungen bei Unsicherheit 59
7.1 Korrekturverfahren 59
7.2 Sensitivitätsanalyse 59

8 Übungsaufgaben 62
8.1 Aufgaben 62
8.2 Lösungen 64

1 Einführung

Investieren ist die Kernfunktion jeden Wirtschaftens. Im allgemeinen Sprachgebrauch wird unter einer **Investition** eine Geldanlage (Auszahlung) verstanden, die in der Erwartung späterer Einzahlungen getätigt wird. Meist sind mit einer Investition längerfristige Interessen verbunden.

In der Investitionsrechnung (Investitionstheorie) werden der vermögensorientierte Investitionsbegriff und der zahlungsstromorientierte Investitionsbegriff unterschieden:

- Nach dem **vermögensorientierten Investitionsbegriff** ist eine Investition die langfristige Festlegung finanzieller Mittel im Anlagevermögen, also eine *Umwandlung von Kapital in Vermögen*. **Beispiele:** Kauf einer Maschine, Kauf eines PKW. Eine Investitionsentscheidung bezieht sich damit auf die Mittelverwendung und betrifft die Aktivseite der Bilanz.

- Wegen der zentralen Bedeutung finanzwirtschaftlicher Ziele im Unternehmen wird heute der **zahlungsstromorientierte Investitionsbegriff** bevorzugt: *Eine Investition ist durch einen Zahlungsstrom gekennzeichnet, der mit Auszahlungen beginnt und in späteren Zahlungszeitpunkten Einzahlungen erwarten lässt.* **Beispiele:** Kauf einer Maschine, um damit Güter zu produzieren, die verkauft werden können; aber auch: Kauf eines Wertpapiers.

Investitionen sind zu finanzieren: Eine Investitionsentscheidung ist eng mit der Frage der **Finanzierung** verbunden, weil diese die Mittelherkunft (Passivseite der Bilanz) sichert. Im Gegensatz zur Investition *beginnt der Zahlungsstrom einer Finanzierungsmaßnahme mit einer Einzahlung, der in den zukünftigen Perioden Auszahlungen folgen* (vgl. den Buchtitel **Finanzierung**, Kapitel 1).

Nach der **Art der Investition** lassen sich Sachinvestitionen, Finanzinvestitionen sowie Investitionen in das immaterielle Vermögen unterscheiden:

1. *Sachinvestitionen* (Realinvestitionen). **Beispiele:** Grundstücke, Gebäude, Maschinen, Fuhrpark. Sachinvestitionen werden nach ihrem Zweck untergliedert (Abbildung 1).
2. *Finanzinvestitionen.* **Beispiele:** Wertpapiere, Forderungen, Beteiligungen.
3. *Immaterielle Investitionen.* **Beispiele:** Forschung und Entwicklung, Personalförderung, Werbung, Patente, Lizenzen.

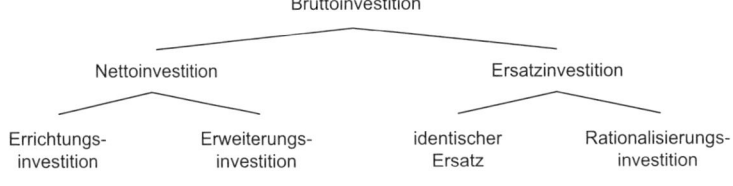

Abbildung 1. Einteilung der Sachinvestitionen

Das Unternehmen muss über die Durchführung von Investitionen entscheiden. Grundsätzlich gibt es im Zusammenhang mit Investitionsentscheidungen vier Fragestellungen:

1. **Einzelentscheidung.** Soll eine einzelne Investition durchgeführt werden oder nicht? **Beispiel:** Soll ein Konkurrenzunternehmen übernommen werden oder nicht?
2. **Auswahlentscheidung.** Welche von zwei oder mehr einander ausschließenden Investitionen soll durchgeführt werden? **Beispiel:** Soll für den Fuhrpark ein MERCEDES- oder SCANIA-LKW erworben werden?
3. Wie lang ist die **optimale Nutzungsdauer** eines Investitionsobjekts bzw. wann ist der **optimale Ersatzzeitpunkt** erreicht? **Beispiel:** Soll eine alte Maschine sofort durch eine neue ersetzt werden oder erst nächstes Jahr? Wie viele Jahre soll die neue Maschine genutzt werden?
4. **Investitions- und Finanzierungsprogrammplanung.** Wie soll ein Investitionsprogramm aus mehreren sich nicht ausschließenden Investitionen aussehen, wenn nur ein fester Kapitalbetrag zur Verfügung steht bzw. wenn zusätzliche Finanzierungsmaßnahmen nur mit steigenden Kosten möglich sind?

Investitionsentscheidungen sind mit einem hohen Risiko verbunden, weil
- sie langfristig Kapital binden,
- sie die Fixkosten erhöhen und
- sie nicht oder nur schwer revidierbar sind.

Investitionsentscheidungsprozesse (Investitionsplanung, Investitionspolitik) sind deshalb ein wichtiger Bestandteil der planerischen Tätigkeit im Unternehmen. Der Investitionsentscheidungsprozess besteht aus **fünf Phasen,** in denen die Willensbildung, Willensdurchsetzung und Kontrolle erfolgen:
1. Anregungsphase
2. Suchphase
3. Entscheidungsphase (Auswahlphase)
4. Realisierungsphase
5. Kontrollphase (Investitionscontrollingphase); Kontrollen werden auch bereits während der ersten vier Phasen des Investitionsentscheidungsprozesses durchgeführt.

Investitionsentscheidungen werden durch Investitionsrechnungen vorbereitet. **Investitionsrechnungen** (Wirtschaftlichkeitsrechnungen, Capital Budgeting) sind *Verfahren, mit denen Investitionsvorhaben bezüglich quantifizierbarer Unternehmensziele beurteilt werden.*

Investitionsrechnungen beziehen sich nur auf die monetären Unternehmensziele (z. B. Gewinn- und Rentabilitätsstreben), die sich in Geldeinheiten ausdrücken lassen. Nicht-monetäre Ziele (**Beispiele:** Streben nach Prestige, Macht) bleiben in der Investitionsrechnung unberücksichtigt.

Im Folgenden betrachten wir – entsprechend den obigen vier Fragestellungen – zunächst die Einzel- und Auswahlentscheidung (Kapitel 2). Anschließend geht es um die optimale Nutzungsdauer und den optimalen Ersatzzeitpunkt (Kapitel 3). Dann wird die Rolle von Steuern und Inflation untersucht (Kapitel 4). Es folgt die Investitions- und Finanzierungsprogrammplanung (Kapitel 5). Den Abschluss bilden Überlegungen zum unvollkommenen Kapitalmarkt und zur Unsicherheit (Kapitel 6).

2 Einzel- und Auswahlentscheidung

Um zu beurteilen, ob einzelne Investitionen vorteilhaft sind (**Einzelentscheidung**), und zum Vergleich von Investitionsalternativen (**Auswahlentscheidung**) lassen sich statische Verfahren (Abschnitt 2.1) und dynamische Verfahren (Abschnitt 2.2) unterscheiden.

Verfahren der Investitionsrechnung	
Statische Verfahren	**Dynamische Verfahren**
• Kostenvergleichsrechnung • Gewinnvergleichsrechnung • Rentabilitätsrechnung • Amortisationsrechnung	• Kapitalwertmethode • Methode des internen Zinsfußes • Annuitätenmethode

2.1 Statische Verfahren

Vorteil der **statischen Verfahren der Investitionsrechnung** ist ihre einfache und mit geringen Kosten durchführbare Anwendung. Sie werden auch als *Hilfsverfahren der Praxis* bezeichnet.

Die Verfahren heißen statisch, weil sie *zeitliche Unterschiede im Auftreten von Ein- und Auszahlungen einer Investition nicht berücksichtigen*.

Charakteristisch für die statischen Verfahren sind:

1. *Fiktive Durchschnittsperiode.* Bezugszeitraum für die einperiodigen statischen Verfahren ist ein Jahr. Da die Ein- und Auszahlungen nicht gleichmäßig während der Nutzungsdauer anfallen (z. B. hohe Anschaffungsauszahlungen am Anfang, steigende Betriebskosten, steigende Erlöse), ist kein Jahr repräsentativ für die gesamte Nutzungsdauer. Es wird daher ein fiktives Durchschnittsjahr konstruiert.

2. *Periodisierte Erfolgsgrößen.* Da man nicht die gesamte Nutzungsdauer, sondern nur eine fiktive Durchschnittsperiode zugrunde legt, rechnet man auch mit periodisierten Erfolgsgrößen. (Zur Definition von Ein- und Auszahlungen, Erträgen und Aufwendungen sowie Leistungen und Kosten vgl. im Einzelnen den Buchtitel **Kosten- und Leistungsrechnung,** Abschnitt 1.2; siehe auch Verlagsverzeichnis auf S. 367.)

   Beispiel: Statt mit den tatsächlichen Anschaffungsauszahlungen für eine Investition wird mit den periodisierten Anschaffungsauszahlungen, d. h. den Abschreibungen, gerechnet. Statt mit Aus- und Einzahlungen wird mit Kosten und Leistungen gerechnet.

Im Folgenden werden die vier statischen Investitionsrechnungs-Verfahren vorgestellt: Kostenvergleichsrechnung, Gewinnvergleichsrechnung, Rentabilitätsrechnung und Amortisationsrechnung.

2.1.1 Kostenvergleichsrechnung

Wir nehmen an, dass unter mehreren Investitionen eine ausgewählt werden soll. Eine einfache Möglichkeit der Auswahl ist, die Kosten jeder möglichen Investition zu berechnen und sie dann miteinander zu vergleichen (**Kostenvergleichsrechnung**).

Die **Entscheidungsregel** lautet: *Wähle die Investition mit den niedrigsten (durchschnittlichen) Kosten!*

Bei der Frage nach der Durchführung oder Nichtdurchführung einer einzelnen Investition bietet dieses Verfahren keine Entscheidungshilfe, weil die absolute Höhe der Kosten allein kein ausreichendes Kriterium zur Beurteilung der Wirtschaftlichkeit einer Investition ist.

Wie werden nun die **Kosten** einer möglichen Investition berechnet? Es sind alle durch das geplante Projekt verursachten Kosten zu berücksichtigen. Dies sind vor allem:

- Materialkosten,
- Personalkosten,
- Instandhaltungs- und Reparaturkosten,
- Energiekosten,
- Mietkosten,
- kalkulatorische Abschreibungen und
- kalkulatorische Zinsen.

Die **kalkulatorischen Abschreibungen** einer Durchschnittsperiode (vgl. *Kosten- und Leistungsrechnung,* Abschnitt 2.1.5) werden ermittelt, indem man die Anschaffungsauszahlung A_0 um den Liquidationserlös (Restwert) am Ende der Nutzungsdauer L_n vermindert und anschließend gleichmäßig auf die Jahre der Nutzung n verteilt (lineare Abschreibung):

$$\text{kalkulatorische Abschreibung} = \frac{A_0 - L_n}{n} \qquad (1)$$

Die **kalkulatorischen Zinsen** sind auf das Kapital zu beziehen, das durchschnittlich während der Nutzungsdauer in der Investition gebunden ist (sog. **Durchschnittswertverzinsung**). Die Rückflüsse, mit denen die Anschaffungsauszahlung gedeckt wird, können kontinuierlich oder jeweils erst am Periodenende eingehen.

- *Kontinuierliche Rückflüsse.* Bei dieser Annahme nimmt das gebundene Kapital kontinuierlich ab. Bei einem Liquidationserlös von Null ist im Durchschnitt über die gesamte Nutzungsdauer die Hälfte der Anschaffungskosten gebunden:

$$\text{durchschnittlich gebundenes Kapital} = \frac{A_0}{2} \qquad (2)$$

Erhält der Investor am Ende der Nutzungsdauer noch einen Liquidationserlös für das Investitionsobjekt, so erhöht sich das durchschnittlich gebundene Kapital (Abbildung 2).

Investitionsrechnung

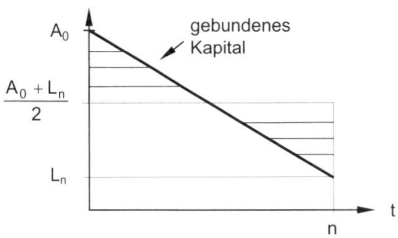

durchschnittlich gebundenes Kapital

$$= \frac{A_0 - L_n}{2} + L_n = \frac{A_0 + L_n}{2} \quad (3)$$

Abbildung 2. *Durchschnittlich gebundenes Kapital bei kontinuierlichen Rückflüssen*

Die kalkulatorischen Zinsen werden dann durch Multiplikation des durchschnittlich gebundenen Kapitals aus Gleichung (3) mit dem kalkulatorischen Zinssatz i ermittelt:

$$\text{kalkulatorische Zinsen} = \frac{A_0 + L_n}{2} \cdot i \quad (4)$$

- *Rückflüsse am Periodenende.* Geht man davon aus, dass die Rückflüsse erst jeweils am Periodenende eingehen, so lässt sich die Entwicklung des gebundenen Kapitals als Treppenfunktion darstellen (Abbildung 3 links).

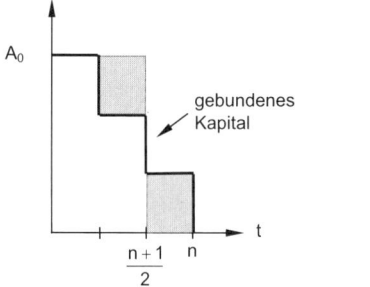 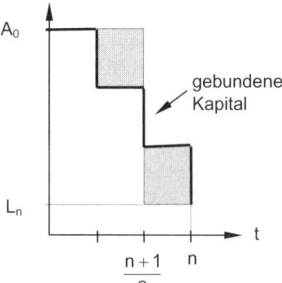

Abbildung 3. *Durchschnittlich gebundenes Kapital bei Rückflüssen am Periodenende (hier für n=3)*

Die Summe des über alle Jahre der Nutzungsdauer gebundenen Kapitals entspricht der Fläche unter der Treppenfunktion. Die Fläche beträgt:

$$\text{Summe des gebundenen Kapitals} = A_0 \cdot \frac{n+1}{2} \quad (5)$$

Investitionsrechnung

Dies entspricht einer durchschnittlichen Kapitalbindung von:

$$\text{durchschnittlich gebundenes Kapital} = \left(A_0 \cdot \frac{n+1}{2}\right) \cdot \frac{1}{n} = \frac{A_0}{2} + \frac{A_0}{2 \cdot n} \quad (6)$$

Berücksichtigt man zusätzlich einen Liquidationserlös am Ende der Projektlebensdauer, dann ergibt sich die durchschnittliche Kapitalbindung während der Nutzungsdauer mit (Abbildung 3 rechts):

$$\text{durchschnittlich gebundenes Kapital} = \left[(A_0 - L_n) \cdot \frac{n+1}{2}\right] \cdot \frac{1}{n} + L_n = \frac{A_0 - L_n}{2} + \frac{A_0 - L_n}{2 \cdot n} + L_n \quad (7)$$

Die kalkulatorischen Zinsen werden dann durch Multiplikation des durchschnittlich gebundenen Kapitals aus Gleichung (7) mit dem kalkulatorischen Zinssatz i ermittelt:

$$\text{kalkulatorische Zinsen} = \left[\frac{A_0 - L_n}{2} + \frac{A_0 - L_n}{2 \cdot n} + L_n\right] \cdot i \quad (8)$$

Beispiel: Ein Copy-Shop möchte, um seine Kapazität zu erweitern, einen neuen Hochleistungskopierer kaufen. Zur Auswahl stehen das Modell „STANDARD" zu einem Anschaffungspreis von 10.000,– € und das Modell „DE LUXE", das 20.000,– € kostet. Der Inhaber des Copy-Shops nimmt kontinuierliche Rückflüsse an und erwartet, dass er den „STANDARD"-Kopierer nach sechs Jahren Nutzungsdauer für 1.000,– €, den „DE LUXE"-Kopierer nach acht Jahren für 4.000,– € verkaufen kann. Der Zinssatz beträgt 7%. Die Material-, Energie- und Reparaturkosten sind der folgenden Tabelle zu entnehmen.

Kosten	„STANDARD" [€]	„DE LUXE" [€]
Materialkosten		
• Papierkosten pro Kopie	0,01	0,02
• Tonerkosten pro Kopie	0,02	0,005
fixe Energiekosten pro Jahr	510,00	1.000,00
var. Energiekosten pro Kopie	0,02	0,01
Reparaturkosten pro Jahr	500,00	1.000,00

Unabhängig davon, welches Gerät er anschafft, erwartet der Inhaber einen jährlichen Absatz von 100.000 Kopien. Für welches Kopiergerät soll er sich entscheiden?

Lösung: Vergleich der durchschnittlichen Gesamtkosten pro Jahr (Periodenkostenvergleich). Der Copy-Shop-Inhaber wird sich für das „STANDARD"-Kopiergerät entscheiden (siehe Tabelle auf der nächsten Seite).

Investitionsrechnung 11

jährliche Kosten	„STANDARD" [€]	„DE LUXE" [€]
Kalkulatorische Abschreibungen	$\dfrac{10.000 - 1.000}{6} = 1.500$	$\dfrac{20.000 - 14000}{8} = 2.000$
Kalkulatorische Zinsen (7%) auf das durchschnittlich gebundene Kapital	$0,07 \cdot \dfrac{10.000 + 1.000}{2} = 385$	$0,07 \cdot \dfrac{20.000 + 4.000}{2} = 840$
Materialkosten • Papierkosten • Tonerkosten	100.000 · 0,01 = 1.000 100.000 · 0,02 = 2.000	100.000 · 0,02 = 2.000 100.000 · 0,005 = 500
Energiekosten • fix • variabel	510 100.000 · 0,02 = 2.000	1.000 100.000 · 0,01 = 1.000
Reparaturkosten	500	1.000
jährliche Gesamtkosten	**7.895**	**8.340**

Dieser **Periodenkostenvergleich** führt nur dann zum richtigen Ergebnis, wenn die Produktionsmenge der Investitionsobjekte identisch ist. Will man Investitionsobjekte mit unterschiedlichen Produktionsmengen vergleichen, muss ein **Stückkostenvergleich** durchgeführt werden.

Beispiel: Der Copy-Shop-Inhaber erwartet, dass er jährlich 100.000 Kopien des „STANDARD"-Kopierers und 150.000 Kopien des „DE LUXE"-Kopierers absetzen kann. Für welches Gerät soll er sich entscheiden?

Lösung: Vergleich der Stückkosten pro Kopie (Stückkostenvergleich).

jährliche Kosten	„STANDARD" 100.000 Kopien	„DE LUXE" 100.000 Kopien	„DE LUXE" 150.000 Kopien
mengen<u>un</u>abhängige Kosten	2.895,– €	4.840,– €	4.840,– €
mengenabhängige Kosten	5.000,– €	3.500,– €	5.250,– €
jährliche Gesamtkosten	7.895,– €	8.340,– €	10.090,– €
Gesamtkosten pro Kopie	**0,079 €**	**0,083 €**	**0,067 €**

In dieser Situation wird sich der Copy-Shop-Inhaber wegen der geringeren Gesamtkosten pro Stück für das „DE LUXE"-Kopiergerät entscheiden.

Die Auswahlentscheidung hängt von der produzierten Stückzahl ab. Der Stückkostenvergleich kann zu Fehlentscheidungen führen, wenn man die Stückkosten nicht auf die Produktionsmenge, sondern auf die Kapazität der Investitionsobjekte bezieht.

Beispiel: Angenommen, der „STANDARD"-Kopierer hat eine Kapazität von 100.000 Kopien pro Jahr, während der „DE LUXE"-Kopierer eine Kapazität von 150.000 Kopien hat. Bei voller Kapazitätsauslastung produziert der „DE LUXE"-Kopierer mit niedrigeren Stückkosten und ist damit vorteilhaft. Können jedoch nur 100.000 Kopien abgesetzt werden, so empfiehlt sich die Produktion mit dem „STANDARD"-Kopierer.

12 Investitionsrechnung

Es gibt eine Ausbringungsmenge, bei der die Stückkosten beider Kopiergeräte gleich hoch sind. Diese **kritische Menge** (kritische Auslastung) kann rechnerisch oder grafisch bestimmt werden.

Beispiel: Wie groß ist die kritische Menge der beiden Kopiergeräte aus den letzten Beispielen?

Lösung: Die jährlichen Gesamtkosten der Investitionsobjekte K setzen sich aus den mengenabhängigen und den mengen<u>un</u>abhängigen Kosten zusammen. Die mengenabhängigen Kosten werden durch Multiplikation der variablen Kosten pro Stück mit der Stückzahl x ermittelt. Die Kostenfunktionen lauten dann:

$$K_{Standard} = 2.895 + 0,05 \cdot x$$
$$K_{DeLuxe} = 4.840 + 0,035 \cdot x$$
(9)

Die kritische Menge $x_{krit.}$ wird durch Gleichsetzen der beiden linearen Gleichungen bestimmt:

$$2.895 + 0,05 \cdot x_{krit.} = 4.840 + 0,035 \cdot x_{krit.} \Leftrightarrow x_{krit.} = 129.667 \quad (10)$$

Erklärung: Die kritische Menge beträgt 129.667 Kopien pro Jahr. Sie liegt im Schnittpunkt der Kostenfunktionen beider Investitionsobjekte (Abbildung 4). Werden tatsächlich 129.667 Kopien pro Jahr erstellt, dann betragen die Gesamtkosten pro Jahr bei beiden Kopierern 9.378,35 €. Dies entspricht Stückkosten von 0,072 € pro Kopie. In diesem Fall lässt sich aus dem Kostenvergleich keine Empfehlung für den einen oder anderen Kopierer ableiten. Bei einer Produktionsmenge unterhalb der kritischen Menge sollte die Entscheidung für den „STANDARD"-Kopierer bzw. oberhalb für den „DE LUXE"-Kopierer ausfallen.

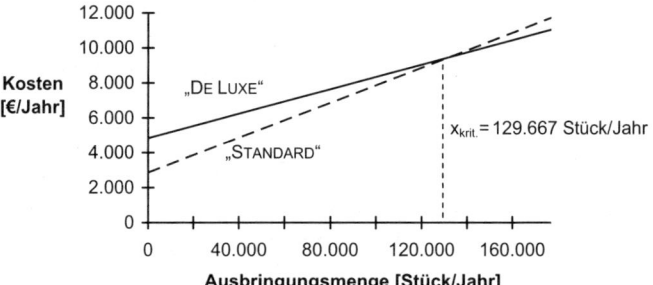

Abbildung 4. Grafische Ermittlung der kritischen Menge

Beurteilung der Kostenvergleichsrechnung:
- Die Kostenvergleichsrechnung arbeitet mit *Durchschnittswerten*. Für die Ermittlung des Durchschnitts aus den voraussichtlichen Kosten während der Nutzungsdauer des Investitionsobjekts benötigt man umfangreiches Datenmaterial. Bei längeren Nutzungsdauern ist die Gefahr von Fehlprognosen hoch. Es werden deshalb oft die erwarteten Kosten des ersten Jahres als

Investitionsrechnung 13

Durchschnittskosten verwendet. Bei dieser Methode werden Veränderungen der Kosten im Zeitablauf nicht berücksichtigt.

- Die *kalkulatorischen Zinsen* werden anhand grober Annahmen ermittelt und können erheblich von den tatsächlichen Zinsen abweichen.
- *Erlöse werden nicht berücksichtigt.* Aussagen über die Rentabilität des eingesetzten Kapitals sind deshalb nicht möglich. Dem Unternehmen geht es jedoch letztlich nicht um eine Kostenminimierung, sondern um eine Gewinnmaximierung.
- Eine Auswahlentscheidung zwischen zwei Investitionsobjekten führt nur dann zum richtigen Ergebnis, wenn für beide die *gleichen Erlöse unterstellt* werden.
- Es sind nur Aussagen über die relative Vorteilhaftigkeit zweier Alternativen möglich, nicht jedoch über die absolute Vorteilhaftigkeit einer einzelnen Investition. Möglicherweise entscheidet sich das Unternehmen für eine Investition, die einen *Verlust* verursacht.

2.1.2 Gewinnvergleichsrechnung

Bei zahlreichen Investitionsentscheidungen – insbesondere bei der Beurteilung einer einzelnen Investition – ist ein reiner Kostenvergleich nicht aussagefähig. Die **Gewinnvergleichsrechnung** erweitert die Kostenvergleichsrechnung, indem sie die *Erlösseite einer Investition einbezieht*.

Für eine einzelne Investition lautet die **Entscheidungsregel:** *Realisiere die Investition, wenn sie Gewinn verspricht!* Soll zwischen mehreren Investitionsalternativen entschieden werden, gilt: *Wähle die Investition mit dem maximalen (durchschnittlichen) Gewinn!*

Der **durchschnittliche Gewinn** ist definiert als Saldo zwischen den durchschnittlichen Erlösen und den durchschnittlichen Kosten.

Beispiel: Der Copy-Shop-Inhaber aus den vorherigen Beispielen verkauft die Farbkopien des „STANDARD"-Kopierers für 0,10 €, diejenigen des „DE LUXE"-Kopierers für 0,15 €. Er erwartet unabhängig von seiner Investitionsentscheidung eine Absatzmenge von 100.000 Kopien jährlich. Für welches Kopiergerät soll er sich entscheiden?

Lösung:

	„STANDARD" [€]	„DE LUXE" [€]
Erlöse	100.000 · 0,10 = 10.000,–	100.000 · 0,15 = 15.000,–
Gesamtkosten	7.895,–	8.340,–
Gewinn	**2.105,–**	**6.660,–**

Der Copy-Shop-Inhaber entscheidet sich für das „DE LUXE"-Kopiergerät; denn so erzielt er einen Gewinn von 6.660,– € im Jahr, mit dem „STANDARD"-Kopierer aber nur 2.105,– € jährlich.

Bei der Gewinnvergleichsrechnung zwischen zwei Investitionen mit unterschiedlichem Kapitaleinsatz und unterschiedlicher Nutzungsdauer treten zwei Probleme auf:
1. Bei der Investition mit dem niedrigeren Kapitaleinsatz wird nicht berücksichtigt, wie der Investor den nicht verwendeten Restbetrag anlegt.

Beispiel: Verfügt der Copy-Shop-Inhaber über 20.000,– € und entscheidet sich für das „STANDARD"-Kopiergerät zu 10.000,– €, so kann er zusätzlich über einen Betrag von 10.000,– € frei verfügen. Er wird diesen Betrag gewinnbringend anlegen. Der Gewinn aus dieser Anlage wird bei der Gewinnvergleichsrechnung nicht berücksichtigt.

2. Bei der Investition mit der kürzeren Nutzungsdauer wird nicht berücksichtigt, wie der Investor sein Vermögen nach Ablauf der Nutzungsdauer anlegt.

Beispiel: Unter der Annahme, dass der Copy-Shop auch für die Qualitätskopien nur einen Preis von 0,10 € durchsetzen kann, verringert sich der Gewinn des „DE LUXE"-Gerätes auf (10.000 − 8.340 =) 1.660,– €. Der Inhaber wird sich für den „STANDARD"-Kopierer entscheiden. Da dieser aber nur eine Nutzungsdauer von sechs Jahren hat, ist zu klären, was der Investor im siebten und achten Jahr mit seinem Vermögen macht. Gelingt es ihm nicht, sein Vermögen gewinnbringend anzulegen, könnte doch die Investition mit dem niedrigeren Jahresgewinn, aber der längeren Nutzungsdauer günstiger sein.

Ein **Gesamtgewinnvergleich** führt hier zu einem aussagefähigen Ergebnis: Da der Gesamtgewinn des „DE LUXE"-Kopierers nach acht Jahren höher ist (8 · 1.660 = 13.280,– €) als der des „STANDARD"-Kopierers nach sechs Jahren (6 · 2.105 = 12.630,– €), wird sich der Investor für den „DE LUXE"-Kopierer entscheiden.

Beurteilung der Gewinnvergleichsrechnung:

- Ein Nachteil ist die *kurzfristige Betrachtungsweise,* in der eine repräsentative Durchschnittsperiode, häufig nur das erste Jahr, analysiert wird und für die Folgeperioden die gleichen Verhältnisse unterstellt werden. Kosten und Erlöse schwanken aber im Zeitablauf.
- Es wird unterstellt, dass einem Investitionsobjekt neben seinen Kosten auch seine *Erlöse eindeutig zugerechnet* werden können. Dies ist in der Praxis oft schwierig oder gar unmöglich.
- Da die Gewinnvergleichsrechnung den Gewinn nicht in Relation zur Höhe des eingesetzten Kapitals setzt, ist *keine Aussage über die Verzinsung* (Rentabilität) des Kapitals möglich.
- Beim Vergleich von Investitionen mit *unterschiedlichem Kapitaleinsatz* und *unterschiedlicher Nutzungsdauer* drohen Fehlentscheidungen.

2.1.3 Rentabilitätsrechnung

Die statische **Rentabilitätsrechnung** (Rentabilitätsvergleichsrechnung, Renditerechnung, Return on Investment [ROI] = engl. „Rückfluss des investierten Kapitals") setzt den *durchschnittlichen Jahresgewinn einer Investition ins Verhältnis zum durchschnittlich gebundenen Kapital.*

$$\text{Rentabilität} = \frac{\text{Gewinn vor kalkulatorischen Zinsen}}{\text{durchschnittlich gebundenes Kapital}} \cdot 100\% \qquad (11)$$

Soll über eine einzelne Investition entschieden werden, lautet die **Entscheidungsregel:** *Führe die Investition durch, wenn ihre Rentabilität höher ist als die geforderte Mindestverzinsung!* Bei einer Auswahl zwischen mehreren Investitionsalternativen gilt: *Wähle die Investition mit der maximalen (durchschnittlichen) Rentabilität!*

Investitionsrechnung 15

Der **Gewinn vor kalkulatorischen Zinsen** in Gleichung (11) ergibt sich, wenn die kalkulatorischen Zinsen bei der Gewinnermittlung nicht als Kosten abgezogen werden. Doch warum verwendet man anders als sonst üblich den Gewinn vor kalkulatorischen Zinsen? Würde man die kalkulatorischen Zinsen bei der Gewinnermittlung als Kosten abziehen, dann gäbe die Rentabilität nur die *über den kalkulatorischen Zins hinausgehende* Verzinsung an. Gesucht ist die aber die gesamte Verzinsung der Investition. (Grundsätzlich kann die Rentabilität auch aus dem Gewinn nach kalkulatorischen Zinsen bestimmt werden. Dann muss aber bei der Interpretation des Ergebnisses beachtet werden, dass die Rentabilität nur die über den kalkulatorischen Zins hinausgehende Verzinsung angibt.)

Beispiel: Der Copy-Shop-Inhaber möchte die Rentabilität des „STANDARD"- und des „DE LUXE"- Kopierers ermitteln.

Lösung: Da der Gewinn bereits bekannt ist (vgl. S. 13), ermittelt man den Gewinn vor kalkulatorischen Zinsen am einfachsten, indem man die kalkulatorischen Zinsen (vgl. S. 11) wieder addiert. Das durchschnittlich gebundene Kapital ergibt sich aus Gleichung (3) und die Rentabilität schließlich aus (11).

	„STANDARD"	„DE LUXE"
Rentabilität	$\dfrac{2.105 + 385}{5.500} \cdot 100\% = 45{,}3\%$	$\dfrac{6.660 + 840}{12.000} \cdot 100\% = 62{,}5\%$

Der „DE LUXE"-Kopierer hat die höhere Durchschnittsverzinsung und ist damit vorteilhaft.

Erweitert man Gleichung (11) in Zähler und Nenner um die Umsatzerlöse, kann die Rentabilität (Return on Investment) in die zwei Komponenten Umsatzrentabilität (Umsatzrendite) und Kapitalumschlag zerlegt werden **(ROI-Analyse)**. So kann z. B. analysiert werden, auf welcher der beiden Komponenten die Höhe der Rentabilität beruht. Die ROI-Analyse verdeutlicht damit z. B. mögliche Ansatzpunkte, eine unbefriedigende Rentabilitätssituation zu verbessern (vgl. *Bilanzen,* Abschnitt 4.2.2).

$$\frac{\text{Gewinn (vor kalk. Zinsen)}}{\text{(durchschn.) gebund. Kapital}} = \frac{\text{Gewinn (vor kalk. Zinsen)}}{\text{Umsatzerlöse}} \cdot \frac{\text{Umsatzerlöse}}{\text{(durchschn.) gebund. Kapital}} \quad (12)$$

Return on Investment = Umsatzrentabilität · Kapitalumschlag

Beispiel: VOLKSWAGEN erzielte 2005 mit Automobilen ca. 86 Mrd. € Umsatzerlöse und ein operatives Ergebnis nach Steuern von ca. 1,1 Mrd. € bei einem gebundenen Kapital von 42 Mrd. €:

$$\frac{1{,}1 \text{ Mrd.}}{42 \text{ Mrd.}} = \frac{1{,}1 \text{ Mrd.}}{86 \text{ Mrd.}} \cdot \frac{86 \text{ Mrd.}}{42 \text{ Mrd.}} \quad (13)$$

$$2{,}62\% = 1{,}28\% \cdot 2{,}05$$

Das gebundene Kapital verzinste sich also nur mit 2,62 % (RoI). Mit einer Bundesanleihe wäre mehr zu verdienen gewesen. Woran lag es? Die RoI-Analyse zeigt auf, dass der magere RoI vor allem auf die niedrige Umsatzrendite von 1,28 % zurückgeht. BMW z. B. erzielte in den vergangenen Jahren deutlich höhere Umsatzrenditen.

Wie bei der Gewinnvergleichsrechnung ist auch bei der Rentabilitätsrechnung der Vergleich von Alternativinvestitionen mit unterschiedlicher Nutzungsdauer und unterschiedlichem Kapitaleinsatz problematisch.

Beispiel: Der Copy-Shop-Inhaber hat sich anhand der Rentabilitätsrechnung für den „DE LUXE"-Kopierer entschieden. Angenommen, der Investor verfügt über 20.000,- € Eigenkapital, so könnte er bei Investition in den „STANDARD"-Kopierer über einen Restbetrag von 10.000,- € frei verfügen. Möglicherweise kann er mit diesem Kapital eine Zusatzinvestition tätigen, so dass die Rentabilität der beiden Investitionen insgesamt höher als die des „DE LUXE"-Kopierers ist. Eine Investition in den „STANDARD"-Kopierer kann auch vorteilhaft sein, wenn der Investor das – hier schon nach dem sechsten Jahr frei werdende – Kapital einer Folgeinvestition mit hoher Rendite zuführt.

Beurteilung der Rentabilitätsrechnung:

- Die Rentabilitätsrechnung ist ein *weit verbreitetes Praktikerverfahren.*

- Ein Nachteil der Rentabilitätsrechnung ist die *kurzfristige Betrachtungsweise,* in der eine repräsentative Durchschnittsperiode, häufig nur das erste Jahr, analysiert wird und für die Folgeperioden die gleichen Verhältnisse unterstellt werden. Kosten und Erlöse schwanken aber im Zeitablauf.

- Ein zeitlicher Unterschied im Anfall der Kosten, Erlöse und Gewinne wird nicht berücksichtigt.

- Der Vergleich von Investitionsalternativen mit *unterschiedlicher Nutzungsdauer* und *unterschiedlichem Kapitaleinsatz* ist problematisch, da bei der Investition mit niedrigerem Kapitaleinsatz und kürzerer Nutzungsdauer weder die Verzinsung des nicht verbrauchten Restbetrages noch die Verzinsung nach Ablauf der Nutzungsdauer bekannt sind.

- Der Ermittlung des durchschnittlichen Kapitaleinsatzes liegen grobe Annahmen zugrunde.

2.1.4 Amortisationsrechnung

Die **Amortisationsrechnung** (Pay-off-, Pay-back-, Kapitalrückfluss-, Kapitalwiedergewinnungsrechnung) ermittelt den *Zeitraum, in dem das investierte Kapital über die Erlöse wieder in das Unternehmen zurückfließt* (**Amortisationsdauer,** -zeit, Wiedergewinnungszeit, Pay-off-Periode).

Die **Entscheidungsregel** bei einer Investition lautet: *Realisiere die Investition, wenn ihre Amortisationsdauer kürzer ist als die vom Entscheidungsträger als maximal zulässig angesehene Soll-Amortisationsdauer!* Bei einer Auswahlentscheidung zwischen mehreren Investitionen gilt: *Wähle die Investition mit der kürzesten Amortisationsdauer!*

Im Gegensatz zur Kostenvergleichs-, Gewinnvergleichs- und Rentabilitätsrechnung arbeitet die Amortisationsrechnung nicht mit Erlösen und Kosten, sondern mit *Einzahlungen und Auszahlungen.* Es wird die gesamte Nutzungsdauer einer Investition betrachtet. Die Amortisationsrechnung zählt damit nicht zu den einperiodigen statischen Verfahren.

Investitionsrechnung 17

Es gibt zwei Varianten der Amortisationsrechnung: die Durchschnittsmethode und die Kumulationsmethode.

- Mit der **Durchschnittsmethode** lässt sich die Amortisationsdauer ermitteln, wenn die jährlichen Rückflüsse der Investition gleich hoch sind.

$$\text{Amortisationsdauer} = \frac{\text{Kapitaleinsatz}}{\text{durchschnittlicher Rückfluß pro Jahr}} \qquad (14)$$

Der durchschnittliche jährliche Rückfluss (= laufende Einzahlungen minus laufende Auszahlungen) ist <u>nicht</u> mit dem durchschnittlichen Jahresgewinn aus der Gewinnvergleichsrechnung oder der Rentabilitätsrechnung (= durchschnittliche Erlöse minus durchschnittliche Kosten) identisch. Jedoch lässt sich der *Jahresrückfluss vereinfachend aus dem Jahresgewinn ableiten:* Hierzu wird angenommen, dass die Erlöse eines Jahres im gleichen Jahr zu Einzahlungen und die Kosten, mit Ausnahme der kalkulatorischen Abschreibungen, im gleichen Jahr zu Auszahlungen führen. Es müssen also zum Jahresgewinn die – nicht auszahlungswirksamen – kalkulatorischen Abschreibungen addiert werden (vgl. *Bilanzen,* Abschnitt 4.2.1):

Jahresgewinn
+ kalkulatorische Abschreibungen
= **Jahresrückfluss**

Beispiel: Der Copy-Shop-Inhaber möchte die Amortisationszeiten der Kopierer ermitteln.

Lösung:

		„STANDARD"	„DE LUXE"
Rückfluss	[€ pro Jahr]	2.105 + 1.500 = 3.605	6.660 + 2.000 = 8.660
Kapitaleinsatz	[€]	10.000	20.000
Amortisationsdauer	[Jahre]	2,77 (2 Jahre u. 9 Monate)	**2,31** (2 Jahre u. 4 Monate)

Der Copy-Shop-Inhaber entscheidet sich für das „DE LUXE"-Gerät, da sich dieses bereits nach zwei Jahren und vier Monaten amortisiert.

- Wenn die jährlichen Rückflüsse unterschiedlich hoch sind, wird die Amortisationsdauer mit der **Kumulationsmethode** (Totalrechnung) ermittelt.

Beginnend mit dem Investitionszeitpunkt werden die jährlichen Rückflüsse (= Einzahlungen E_t minus Auszahlungen A_t) bis zu dem **Amortisationszeitpunkt** m schrittweise addiert, bei dem die kumulierten Rückflüsse gleich der Anschaffungsauszahlung A_0 sind.

$$A_0 = \sum_{t=1}^{m}(E_t - A_t) \qquad (15)$$

Die Amortisationsrechnung unterstellt, dass die Rückflüsse einer Investition bis zum Amortisationszeitpunkt nur der Deckung der Anschaffungsauszahlung dienen und danach ausschließlich der Kapitalverzinsung.

Die Amortisationsdauer einer Investition ist die kritische Nutzungsdauer eines Investitionsobjekts, die mindestens erreicht werden muss, damit ein Überschuss erzielt wird.

Beurteilung der Amortisationsrechnung:

- Die *Soll-Amortisationsdauer* beruht auf einer subjektiven Schätzung des Investors und ist damit keine objektivierbare Entscheidungsregel.

- Die nach der Kumulationsmethode ermittelte Amortisationsdauer liefert *keine Angaben über die Rentabilität* einer Investition, weil sie die Höhe der Rückflüsse nach Ablauf der Amortisationsdauer nicht berücksichtigt.

- Die Amortisationsrechnung dient in erster Linie dazu, die *Kapitalbindungsdauer* einer Investition zu ermitteln und darüber die *Auswirkungen auf die Liquidität* eines Unternehmens abzuschätzen. Sie liefert damit wichtige Daten für die Finanz- und Liquiditätsplanung und beantwortet z. B. die Frage, ob aufgenommene Kredite mit den jeweiligen Überschüssen termingerecht getilgt werden können.

- Wie bei allen statischen Rechnungen werden zeitliche Unterschiede beim Anfall der Rückflüsse nicht berücksichtigt. Bei der Durchschnittsmethode sind zusätzlich die zugrunde gelegten Durchschnittswerte problematisch.

- Die Amortisationsrechnung sollte nur in Verbindung mit anderen Verfahren eingesetzt werden.

2.2 Dynamische Verfahren

Mit den **dynamischen Verfahren der Investitionsrechnung** versucht man, die Mängel der statischen Verfahren zu vermeiden. Die dynamischen Verfahren zeichnen sich durch die folgenden drei Merkmale aus:

1. *Ein- und Auszahlungen.* Sie werden während der gesamten Nutzungsdauer exakt erfasst.
2. *Zinseszinsrechnung.* Die zu unterschiedlichen Zeitpunkten anfallenden Ein- und Auszahlungen werden durch Aufzinsung bzw. Abzinsung *(Diskontierung)* auf einen einheitlichen Zeitpunkt *(Vergleichszeitpunkt, Bezugszeitpunkt)* vergleichbar gemacht.
3. *Prämisse eines vollkommenen Kapitalmarkts.* Dies bedeutet:
   - Kapital ist ein *homogenes Gut,* d. h. Eigen- und Fremdkapital werden nicht unterschieden. Daraus resultiert ein *einheitlicher Marktzins;* es gilt: Kreditzinsen (Sollzinsen) = Guthabenzinsen (Habenzinsen).
   - Kapital kann jederzeit in unbegrenztem Umfang beschafft und angelegt werden.
   - Jedes Wirtschaftssubjekt verfügt über vollkommene Informationen *(vollständige Markttransparenz).*

Die dynamischen Verfahren der Investitionsrechnung werden auch **finanzmathematische Verfahren** genannt, weil sie auf einigen finanzmathematischen Grundbegriffen aufbauen:

- **Zahlungsreihe.** Für die zu beurteilende Investition wird die zugehörige Zahlungsreihe definiert. Hierzu werden zunächst die *relevanten Zahlungen* bestimmt, also die Zahlungen, die bei Realisierung der Investition (Mit-Fall) im Vergleich zur Nichtrealisierung (Ohne-Fall) entstehen. Aus Gründen der Rechenvereinfachung werden die unregelmäßigen Zahlungen einigen *äquidistanten* (gleich weit auseinander liegenden) *Zeitpunkten* $t = 0, 1, ..., n$ zugeordnet. Man erhält eine Zahlungsreihe, die sich aus den Einzahlungen E_t ($E_0, E_1, ..., E_n$) und den Auszahlungen A_t ($A_0, A_1, ..., A_n$) zusammensetzt (Nettozahlungsreihe). In der Praxis fasst man die relevanten Zah-

Investitionsrechnung 19

lungen jeweils eines Jahres zusammen. Also: Anfang Jahr 1 (E_0-A_0), Ende Jahr 1 (E_1-A_1), Ende Jahr 2 (E_2-A_2), Ende Jahr 3 (E_3-A_3) usw.

- **Aufzinsung.** Durch Aufzinsung wird ermittelt, wie viel ein Geldbetrag unter Berücksichtigung von Zinsen und Zinseszinsen zu einem späteren Zeitpunkt wert ist.

    Beispiel: Ein Anleger hat ein Sparguthaben von 1.000,– €. Die Bank zahlt 3 % Zinsen. Wie viel hat der Anleger in zwei Jahren auf dem Konto?

    Lösung: Sparguthaben am Ende des ersten Jahres:

    $$1.000 + 3\% \cdot 1.000 = 1.000 + 0{,}03 \cdot 1.000 = (1 + 0{,}03) \cdot 1.000 = 1.030 \qquad (16)$$

    Am Ende des zweiten Jahres beträgt das Sparguthaben 1.060,90 €:

    $$\begin{aligned} &(1+0{,}03) \cdot 1.000 + 0{,}03 \cdot (1+0{,}03) \cdot 1.000 \\ &= (1+0{,}03) \cdot (1+0{,}03) \cdot 1.000 \\ &= (1+0{,}03)^2 \cdot 1.000 = 1.060{,}90 \end{aligned} \qquad (17)$$

    Die allgemeine Formel für den **Aufzinsungsfaktor** lautet damit:

    $$\text{Aufzinsungsfaktor} = (1+i)^n = q^n \qquad \text{mit } q = 1+i \qquad (18)$$

- **Abzinsung.** Sie ist die Umkehrung der Aufzinsung. Durch Abzinsung (Diskontierung) wird ermittelt, wie viel ein Geldbetrag unter Berücksichtigung von Zinsen und Zinseszinsen zu einem früheren Zeitpunkt wert ist.

    Beispiel: Ein Sparer benötigt in zwei Jahren genau 1.060,90 €. Die Bank zahlt 3 % Zinsen. Welchen Betrag muss er heute anlegen?

    Lösung: Der Sparer muss 1.000,– € anlegen:

    $$\frac{1.060{,}90}{(1+0{,}03)^2} = 1.060{,}90 \cdot (1+0{,}03)^{-2} = 1.000 \qquad (19)$$

    Die allgemeine Formel für den **Abzinsungsfaktor** lautet also:

    $$\text{Abzinsungsfaktor} = \frac{1}{(1+i)^n} = (1+i)^{-n} = q^{-n} \qquad \text{mit } q = 1+i \qquad (20)$$

Im Folgenden werden die drei dynamischen Verfahren der Investitionsrechnung vorgestellt: Kapitalwertmethode (Abschnitt 2.2.1), Methode des internen Zinsfußes (Abschnitt 2.2.2) und Annuitätenmethode (Abschnitt 2.2.3). Anschließend wird untersucht, ob die drei Verfahren stets zu den gleichen Ergebnissen führen.

2.2.1 Kapitalwertmethode

Die Kapitalwertmethode ermittelt den **Kapitalwert** (engl. net present value) C_0 einer Investition durch Abzinsung aller Ein- und Auszahlungen der Zahlungsreihe auf den Bezugszeitpunkt $t=0$.

$$C_0 = \sum_{t=0}^{n}(E_t - A_t) \cdot (1+i)^{-t} = \sum_{t=0}^{n}(E_t - A_t) \cdot q^{-t} \quad \text{mit } q = 1+i \qquad (21)$$

Die Zahlung am Anfang des ersten Jahres (E_0-A_0) geht also unverändert in den Kapitalwert ein, weil mathematisch stets gilt: $q^0 = 1$. Die Zahlung am Ende des ersten Jahres (E_1-A_1) wird ein Jahr abgezinst, die Zahlung am Ende des zweiten Jahres (E_2-A_2) wird zwei Jahre abgezinst usw. Der Zinssatz i heißt **Kalkulationszinsfuß** und ist hier die gewünschte Mindestverzinsung des Investors. Er entspricht dem Zinssatz, zu dem der Investor Kapital beschaffen kann. **Beispiel:** Zinssatz eines Bankkredits. Nimmt man an, dass am Anfang des Jahres 1 ($t=0$) nur eine Anschaffungsauszahlung A_0, aber noch keine Einzahlung entsteht ($E_0 = 0$) und zusätzlich ein Liquidationserlöses L_n in $t = n$, lautet die Kapitalwertformel:

$$C_0 = -A_0 + \sum_{t=1}^{n}(E_t - A_t) \cdot q^{-t} + L_n \cdot q^{-n} \quad \text{mit } q = 1+i \qquad (22)$$

Mit der Kapitalwertmethode wird die Zahlungsreihe einer Investition an einer Alternativinvestition gemessen, die sich zum Kalkulationszinsfuß i verzinst.

- Ist der **Kapitalwert positiv** ($C_0 > 0$), dann ist die Verzinsung der Investition höher als der Kalkulationszinsfuß und die Investition damit vorteilhaft.

- Ist der **Kapitalwert gleich null** ($C_0 = 0$), dann entspricht die Verzinsung der Investition genau dem Kalkulationszinsfuß. Die Investition bringt bei Eigenkapitalfinanzierung keinen Vorteil gegenüber der Geldanlage zum Kalkulationszinsfuß bzw. rechtfertigt bei Fremdfinanzierung nicht die Kapitalaufnahme zum Kalkulationszinsfuß.

- Ein **negativer Kapitalwert** ($C_0 < 0$) bedeutet, dass die Verzinsung der Investition unter dem Kalkulationszinsfuß liegt und damit nicht einmal die Kapitalkosten deckt. Die Anschaffungsauszahlung kann mit den Einzahlungsüberschüssen nicht vollständig getilgt und verzinst werden.

Die **Entscheidungsregel** für eine einzelne Investition lautet deshalb: *Führe die Investition durch, wenn ihr Kapitalwert größer null ist!*

Beispiel: Eine Investition A kostet 5.000,- €. Die Nutzungsdauer beträgt zwei Jahre. Im ersten Jahr fallen Einzahlungsüberschüsse in Höhe von 3.500,- € und im zweiten in Höhe von 2.500,- € an. Der Kapitalmarktzins beträgt 7 %. Wie hoch ist der Kapitalwert?

Lösung: Ohne Berücksichtigung des unterschiedlichen zeitlichen Anfalls der Zahlungen ergibt sich ein absoluter Einzahlungsüberschuss von 1.000,- €. Kann der Investor einen zinslosen Kredit aufnehmen bzw. verfügt er über keine andere verzinste Geldanlagemöglichkeit, wird er die Investition durchführen. Muss der Investor jedoch einen zu 7 % verzinsten Kredit aufnehmen bzw. kann er sein Geld zu 7 % am Kapitalmarkt anlegen, dann muss er prüfen, ob sich die beabsichtigte Investition mit mindestens 7 % verzinst.

Investitionsrechnung 21

$$C_0 = -5.000 + 3.500 \cdot (1+0,07)^{-1} + 2.500 \cdot (1+0,07)^{-2} = 454,62 \qquad (23)$$

Der Kapitalwert der Investition ist positiv, d. h.

- die effektive Verzinsung der Investition ist höher als der Kalkulationszinsfuß von 7 %;
- die Investition erwirtschaftet einen über die Anschaffungsauszahlung und die Verzinsung hinausgehenden Zahlungsüberschuss mit einem Barwert von 454,62 €.

Wenn sich die Zahlungsreihe aus Rückflüssen in gleicher Höhe zusammensetzt, kann der Kapitalwert einfacher mit dem sogenannten **Rentenbarwertfaktor** (RBF) ermittelt werden. Ist der Term $(E_t - A_t)$ für alle t von 1 bis n konstant („Rente"), gilt nämlich

$$\sum_{t=1}^{n}(E_t - A_t) \cdot q^{-t} = (E_t - A_t) \cdot RBF \qquad \text{mit } RBF = \frac{q^n - 1}{q^n \cdot i}, \; (E_t - A_t) = \text{konstant} \qquad (24)$$

Auf die mathematische Herleitung wird hier verzichtet. Der Kapitalwert bei Rückflüssen in gleicher Höhe lässt sich dann wie folgt ermitteln:

$$C_0 = -A_0 + (E_t - A_t) \cdot \frac{q^n - 1}{q^n \cdot i} \qquad \text{mit } (E_t - A_t) = \text{konstant} \qquad (25)$$

Beispiel: Wie hoch ist der Kapitalwert, wenn anders als im letzten Beispiel nicht 3.500,– € im ersten und 2.500,– € im zweiten Jahr, sondern in beiden Jahren je 3.000,– € Einzahlungsüberschuss anfallen?

Lösung: Wie bei Investition A würde sich ohne Verzinsung des Kapitals ein Zahlungsüberschuss von 1.000,– € ergeben. Berücksichtigt man jedoch den Kalkulationszinsfuß von 7 %, dann ergibt sich ein Kapitalwert von:

$$C_0 = -5.000 + 3.000 \cdot \frac{(1+0,07)^2 - 1}{(1+0,07)^2 \cdot 0,07} = 424,05 \qquad (26)$$

Der Kapitalwert beträgt 424,05 € und ist damit niedriger als im vorherigen Beispiel mit den unterschiedlich hohen Einzahlungsüberschüssen. Denn dort ist die zeitliche Verteilung günstiger, weil im ersten Jahr mit 3.500,– € ein höherer Betrag zurückfließt.

Die Höhe des Kapitalwertes hängt nicht nur von den Einzahlungsüberschüssen, sondern vor allem auch vom gewählten Kalkulationszinsfuß ab. Je höher der Kalkulationszinsfuß, desto niedriger ist im Normalfall der zugehörige Kapitalwert der Investition, weil die in der Zukunft liegenden Rückflüsse stärker abgewertet werden und mit immer weniger Gewicht in das Ergebnis eingehen. Abbildung 5 veranschaulicht diesen Zusammenhang. Sie stellt den Kapitalwert C_0 in Abhängigkeit vom Kalkulationszinsfuß i dar **(Kapitalwertfunktion).** Hierzu wurden in Abbildung 5 die Zahlenwerte des Beispiels auf S. 20 gewählt:

$$C_0(i) = -5.000 + 3.500 \cdot (1+i)^{-1} + 2.500 \cdot (1+i)^{-2} \qquad (27)$$

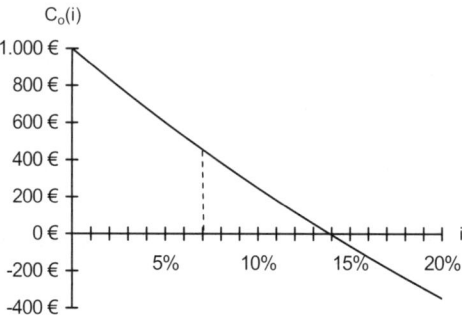

Abbildung 5. Kapitalwertfunktion der Investition A

Für i = 0 ergibt sich ein Kapitalwert von 1.000,– € und für i = 7 % der oben errechnete Kapitalwert von 454,62 €. Bei z. B. i = 15 % lohnt sich die Investition A nicht mehr.

Bislang wurde die Kapitalwertmethode nur zur Beurteilung einer einzelnen Investition eingesetzt. Sie liefert aber auch Ergebnisse für eine Auswahlentscheidung zwischen mehreren Investitionen. Die **Entscheidungsregel** lautet dann: *Wähle die Investition mit dem höchsten Kapitalwert!*

Mit der Kapitalwertmethode können Alternativinvestitionen miteinander verglichen werden, die sich nicht nur – wie oben – in der zeitlichen Struktur ihrer Zahlungsströme unterscheiden, sondern auch in Bezug auf ihre Nutzungsdauer und die Höhe ihrer Zahlungsströme.

Beispiel: Der Investor muss sich zwischen der oben genannten Investition A (vgl. S. 20) und einer Investition B entscheiden. Welche Investition soll er vorziehen?

	t = 0	t = 1	t = 2	t = 3	t = 4	t = 5
Investition A	–5.000	3.500	2.500			
Investition B	–7.000	1.000	1.500	3.000	2.000	1.500

Lösung: Der Kapitalwert der Investition A beträgt 454,62 € (vgl. S. 20). Investition B hat einen Kapitalwert von

$$C_0 = -7.000 + 1.000 \cdot (1+0{,}07)^{-1} + 1.500 \cdot (1+0{,}07)^{-2} + 3.000 \cdot (1+0{,}07)^{-3}$$
$$+ 2.000 \cdot (1+0{,}07)^{-4} + 1.500 \cdot (1+0{,}07)^{-5} = 288{,}90$$

(28)

Die Investition A hat einen höheren Kapitalwert und ist damit der Investition B vorzuziehen.

Zum Beweis, dass die Investition A gegenüber der Investition B vorteilhaft ist, kann man durch **Ergänzungsinvestitionen** (Differenz-, Supplement-, Komplementär- oder Zusatzinvestitionen) die Zahlungsreihen auch direkt vergleichbar machen (**vollständiger Vorteilhaftigkeitsvergleich**). Mit

Investitionsrechnung

den Ergänzungsinvestitionen wird in jeder Periode – mit Ausnahme der letzten – der Einzahlungsüberschuss der Investition A an denjenigen der Investition B angepasst. Der monetäre Unterschied zwischen den beiden Investitionen lässt sich dann leicht am Saldo der Einzahlungsüberschüsse zwischen A und B in der letzten Periode ablesen.

Beispiel: Die Anschaffungsauszahlung für B in t=0 ist um 2.000,– € höher als für A. Um die Zahlungsströme einander anzupassen, wird unterstellt, dass ergänzend zur Investition A zusätzlich der Betrag von 2.000,– € bis zum letzten Jahr zum Kalkulationszinsfuß angelegt wird (Ergänzungsinvestition A_0); es fließen dann 2.805,10 € zurück. Für die Jahre t=1,...,4 werden die Ergänzungsinvestitionen gleichermaßen ermittelt.

	t=0	t=1	t=2	t=3	t=4	t=5
Investition A	–5.000	+3.500	+2.500			
Investition A_0	–2.000					+2.805,10
Investition A_1		–2.500				+3.276,99
Investition A_2			–1.000			+1.225,04
Investition A_3				+3.000		–3.434,70
Investition A_4					+2.000	–2.140,–
Summe A, A_0,.., A_4	–7.000	+1.000	+1.500	+3.000	+2.000	+1.732,43
Investition B	–7.000	+1.000	+1.500	+3.000	+2.000	+1.500,–
Differenz	0	0	0	0	0	**+232,43**

Die Ergänzungsinvestitionen haben einen Kapitalwert von Null und verändern den Kapitalwert der Investition nicht. So gilt z. B. für die Ergänzungsinvestition A_0:

$$C_0 = -2.000 + (1 + 0{,}07)^{-5} \cdot 2.805{,}10 = 0 \qquad (29)$$

Am Ende der Nutzungsdauer von Investition B (t=5) ergibt sich für Investition A ein um 232,43 € höherer Einzahlungsüberschuss als für B. Abgezinst auf t=0 ergibt sich eine Differenz zwischen Investition A und B von 165,72 €. Dieser Betrag entspricht genau der Differenz zwischen den oben errechneten Kapitalwerten (454,62 € – 288,90 € = 165,72 €).

Fazit. Beim vollständigen Vorteilhaftigkeitsvergleich werden die Rückflüsse <u>explizit</u> zum Kalkulationszinsfuß angelegt und aufgenommen. Die Kapitalwertmethode geht <u>implizit</u> ebenso davon aus, dass Rückflüsse zum Kalkulationszinsfuß angelegt und aufgenommen werden **(Wiederanlageprämisse).** Bei der Kapitalwertmethode ist damit ein vollständiger Vorteilhaftigkeitsvergleich überflüssig.

Beurteilung der Kapitalwertmethode:

- Ein wesentlicher Vorteil aller dynamischen Verfahren ist, dass die <u>unterschiedlichen</u> Zeitpunkte der einzelnen Rückflüsse berücksichtigt werden (dies geschieht durch die Abzinsung).
- Bei den dynamischen Verfahren wird für jede Investition eine differenzierte Zahlungsreihe aufgestellt. Hierzu werden Höhe und Zeitpunkt der zukünftigen Zahlungen prognostiziert. Dies ist in der Praxis oft sehr schwierig. Ob die Prognose eintrifft, bleibt unsicher. Hinzu kommt, dass sich manche Zahlungen nicht exakt einzelnen Investitionen zurechnen lassen.
- Die dynamischen Verfahren gehen von der Prämisse des vollkommenen Kapitalmarktes aus. Dies ist realitätsfern. Allerdings können einzelne der auf S. 18 genannten Merkmale durchaus

erfüllt sein. Wird z. B. ein Projekt aus einer permanent in Anspruch genommenen Kreditlinie finanziert und werden alle Überschüsse zur Tilgung dieses Kredits verwendet, so gibt es nur einen einheitlichen Zins.

- Die Rentabilität einer Investition hängt entscheidend von der Höhe des Kalkulationszinsfußes ab. Dieser ist jedoch nicht immer exakt bestimmbar, sondern wird oft nur geschätzt.
- Problematisch ist die Wiederanlageprämisse, die besagt, dass alle frei werdenden Beträge zum Kalkulationszinsfuß angelegt werden. Eine Abweichung der Rendite der tatsächlichen Ergänzungsinvestitionen vom Kalkulationszinsfuß führt möglicherweise zu Fehlentscheidungen.

2.2.2 Methode des internen Zinsfußes

Die **Methode des internen Zinsfußes** ermittelt den Zinssatz r, bei dem der *Kapitalwert einer Investition gleich null* ist. Hierzu setzt man Gleichung (22) auf S. 20 gleich null und benennt i in r um, denn i war bei der Kapitalwertmethode gegeben und r ist nun die gesuchte Größe:

$$-A_0 + \sum_{t=1}^{n}(E_t - A_t)\cdot(1+r)^{-t} + L_n \cdot (1+r)^{-n} \stackrel{!}{=} 0 \qquad (30)$$

Dieser **interne Zinsfuß** r (engl. IRR = internal rate of return) gibt die Verzinsung (Rendite, Rentabilität, Effektivverzinsung) der Investition an. Er lässt sich auch als *kritischer Zinssatz* interpretieren, weil bei einem höheren Kalkulationszinsfuß der Kapitalwert negativ wird. Zur Ermittlung des internen Zinsfußes stehen unterschiedliche Verfahren zur Verfügung:

- *Gleichungen zweiten Grades* für Investitionen mit einer Nutzungsdauer von zwei Jahren lassen sich relativ einfach nach r auflösen.
- Bei *Gleichungen dritten oder höheren Grades* kann der interne Zinsfuß mit Näherungsverfahren bestimmt werden, z. B. mit der linearen Interpolation.

Der interne Zinsfuß allein ist noch kein ausreichendes Entscheidungskriterium für die Vorteilhaftigkeit einer Investition. Erst der *Vergleich mit der geforderten Mindestverzinsung* (Kalkulationszinsfuß) macht eine entsprechende Aussage möglich.

Die **Entscheidungsregel** lautet: *Führe die Investition durch, wenn ihr interner Zinsfuß höher als die geforderte Mindestverzinsung (Kalkulationszinsfuß) ist!* Bei einer Auswahlentscheidung zwischen mehreren Investitionen gilt: *Wähle die Investition mit dem höchsten internen Zinsfuß!*

Beispiel: Ein Investor will seine Auswahlentscheidung zugunsten von Investition A oder Investition B von der Höhe des internen Zinsfußes abhängig machen. Wie lauten ihre internen Zinsfüße r_A und r_B?

Lösung: Die Kapitalwertfunktionen der Investitionen werden gleich null gesetzt.

$$0 = -5.000 + 3.500 \cdot (1+r_A)^{-1} + 2.500 \cdot (1+r_A)^{-2} \qquad (31)$$

Investitionsrechnung 25

$$0 = -7.000 + 1.000 \cdot (1+r_B)^{-1} + 1.500 \cdot (1+r_B)^{-2} + 3.000 \cdot (1+r_B)^{-3} + 2.000 \cdot (1+r_B)^{-4}$$
$$+ 1.500 \cdot (1+r_B)^{-5} \tag{32}$$

Anschließend werden die Gleichungen nach r aufgelöst (Lösungsverfahren siehe Exkurs). Investition A hat einen internen Zinsfuß von 13,9 %, Investition B von 8,4 %. Der Investor wird sich wegen des höheren internen Zinsfußes für Investition A entscheiden. In Abbildung 5 auf S. 22, die Investition A darstellt, ist r der Schnittpunkt der Kapitalwertfunktion mit der Abszisse: Bei einem höheren Zinsfuß als 13,9 % wird der Kapitalwert negativ.

Exkurs: Lösen von Gleichungen zweiten oder höheren Grades

Eine *Gleichung zweiten Grades* wird in die allgemeine Form

$$0 = (1+r)^2 + p \cdot (1+r) + q \tag{33}$$

überführt. Diese allgemeine Form kann dann mit der **p,q-Formel** nach r aufgelöst werden:

$$(1+r)_{1;2} = -\frac{p}{2} \pm \sqrt{\left(\frac{p}{2}\right)^2 - q}$$

$$r_1 = -\frac{p}{2} + \sqrt{\left(\frac{p}{2}\right)^2 - q} - 1 \quad \text{und} \quad r_2 = -\frac{p}{2} - \sqrt{\left(\frac{p}{2}\right)^2 - q} - 1 \tag{34}$$

Beispiel: Um den internen Zinsfuß der Investition A aus dem vorigen Beispiel zu bestimmen, wird Gleichung (31) zunächst mit $(1+r_A)^2$ multipliziert und dann durch -5.000 dividiert:

$$0 = (1+r_A)^2 - 0.7 \cdot (1+r_A) - 0.5 \tag{35}$$

Mit (34) lautet die Lösung des Beispiels:

$$r_{A1} = 0.35 + \sqrt{(-0.35)^2 + 0.5} - 1 \approx 0.139 \quad \text{und} \quad r_{A2} = 0.35 - \sqrt{(-0.35)^2 + 0.5} - 1 \approx -1.439 \tag{36}$$

Der interne Zinsfuß der Investition A beträgt 13,9 %. Das negative Ergebnis lässt sich ökonomisch nicht sinnvoll interpretieren und wird deshalb vernachlässigt.

Die Auflösung einer *Gleichung n-ten Grades mit n > 2* bereitet Schwierigkeiten. Ein einfaches Lösungsverfahren ist, zunächst für zwei Versuchszinssätze r_1 und r_2 die zugehörigen Kapitalwerte $C_{01}(r_1)$ und $C_{02}(r_2)$ zu berechnen. Die Versuchszinssätze müssen so gewählt werden, dass der eine Kapitalwert größer null und der andere Kapitalwert kleiner null ist. Die ermittelten Punkte werden in ein Koordinatensystem eingetragen und durch eine Gerade verbunden **(lineare Interpolation)**. Diese Gerade soll den tatsächlichen Verlauf der Kapitalwertfunktion nachbilden. Man erhält den Schnittpunkt der Geraden mit der Abszisse (dort gilt $C_0 = 0$) als Lösung der Gleichung. Da die Kapitalwertfunktion eine nicht-lineare Funktion ist, ist es ein Näherungswert.

Der Schnittpunkt der Geraden mit der Abszisse lässt sich auch mit der allgemeinen Formel zur linearen Interpolation berechnen:

$$r = r_1 - C_{01} \cdot \frac{r_2 - r_1}{C_{02} - C_{01}} \tag{37}$$

Die Lösung ist umso genauer, je näher die Versuchszinsfüße am internen Zinsfuß liegen. Ggf. kann die Interpolation im kleineren Intervall fortgesetzt werden.

Beispiel: Zur Ermittlung des internen Zinsfußes r_B von Objekt B werden in Gleichung (32) zunächst zwei Versuchszinssätze, $r_1 = 5\%$ und $r_2 = 10\%$, eingesetzt und die zugehörigen Kapitalwerte C_{01} und C_{02} berechnet:

$$\begin{aligned} C_{01} &= 725{,}13 \quad \text{für} \quad r_1 = 0{,}05 \\ C_{02} &= -299{,}89 \quad \text{für} \quad r_2 = 0{,}1 \end{aligned} \tag{38}$$

Ein Kapitalwert ist größer null, der andere kleiner null. So kann durch die Kapitalwerte C_{01} und C_{02} eine Gerade gelegt werden, welche die Abszisse schneidet (Abbildung 6). Die Näherung für den internen Zinsfuß lässt sich dort, wo die Gerade die Abszisse schneidet, in der Abbildung ablesen. Der interne Zinsfuß beträgt ca. 8 ½ %.

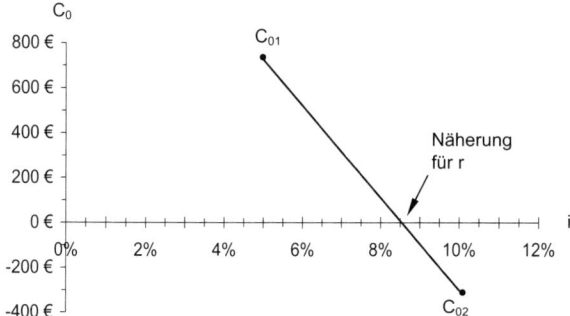

Abbildung 6. Grafische Ermittlung des internen Zinsfußes

Die rechnerische Näherung für r_B ergibt sich durch Einsetzen in (37):

$$r_B = 0{,}05 - 725{,}13 \cdot \frac{0{,}1 - 0{,}05}{-299{,}89 - 725{,}13} \approx 0{,}085 \tag{39}$$

Der interne Zinsfuß der Investition B beträgt näherungsweise 8,5 %. Um die Näherung zu verbessern, wiederholt man die Interpolation im kleineren Intervall, z. B. $r_3 = 8\%$ und $r_4 = 9\%$. Nach Einsetzen in (37) ergibt sich als verbesserte Näherung ein interner Zinsfuß von $r_B = 8{,}43$.

Besonders schnell und einfach kann der interne Zinsfuß mit Hilfe eines Tabellenkalkulationsprogramms (z. B. MICROSOFT EXCEL) ermittelt werden.

Investitionsrechnung 27

Beispiel: Um den inteen Zinsfuß der Investition B mit MICROSOFT EXCEL zu bestimmen, gibt man die Zahlungsreihe in ein EXCEL-Arbeitsblatt ein, z. B. in die Zellen A1 bis F1. In eine andere Zelle des Arbeitsblatts gibt man die Formel „=IKV(A1:F1)" ein. Es ergibt sich der genaue interne Zinsfuß $r_B = 0{,}08425068 = 8{,}425068\,\%$.

Ende des Exkurses

Beurteilung der Methode des internen Zinsfußes:

- Ein wesentlicher Vorteil aller dynamischen Verfahren ist, dass die <u>unterschiedlichen</u> Zeitpunkte der einzelnen Rückflüsse berücksichtigt werden (dies geschieht durch die Abzinsung).

- Bei den dynamischen Verfahren wird für jede Investition eine differenzierte Zahlungsreihe aufgestellt. Hierzu werden Höhe und Zeitpunkt der zukünftigen Zahlungen prognostiziert. Dies ist in der Praxis oft sehr schwierig. Ob die Prognose eintrifft, bleibt unsicher. Hinzu kommt, dass sich manche Zahlungen nicht exakt einzelnen Investitionen zurechnen lassen.

- Die dynamischen Verfahren gehen von der Prämisse des vollkommenen Kapitalmarktes aus (vgl. S. 18). Dies ist realitätsfern. Allerdings können einzelne Merkmale durchaus erfüllt sein.

- Die Methode des internen Zinsfußes unterstellt als **Wiederanlageprämisse,** dass bei quantitativen und zeitlichen Unterschieden von zu vergleichenden Investitionen (wie z. B. bei den Investitionen A und B) die *Überschüsse zum jeweiligen internen Zinsfuß* angelegt werden. **Beispiel:** Bei einem vollständigen Vorteilhaftigkeitsvergleich (vgl. S. 22) würde deutlich, dass alle Ergänzungsinvestitionen von A zum internen Zinsfuß <u>von A</u> wiederangelegt werden. Alle Ergänzungsinvestitionen von B werden zum internen Zinsfuß <u>von B</u> angelegt. Es wird also – unrealistischerweise – unterstellt, dass die Einzahlungsüberschüsse der Investitionen zu unterschiedlichen Zinsfüßen wiederangelegt werden.

- Nicht alle Zahlungsreihen besitzen genau einen positiven internen Zinsfuß. Zwar gibt es bei Zahlungsreihen mit nur einem Vorzeichenwechsel (typischerweise: Auszahlungsüberschuss am Anfang, danach stets Einzahlungsüberschüsse) stets nur <u>eine</u> positive Lösung. Bei Zahlungsreihen mit mehreren Vorzeichenwechseln (**Beispiel:** Braunkohlentagebau) kann es aber <u>mehrere</u> oder <u>keine</u> Lösung geben. Das Ergebnis ist dann unbrauchbar.

- Der interne Zinsfuß allein ist nicht aussagefähig. Es ist immer ein Vergleichsmaßstab in Form des Kalkulationszinsfußes erforderlich.

- Für Zahlungsreihen, in denen keine Anschaffungsauszahlung berücksichtigt wird (z. B. laufende Investitionen) ergibt sich ein interner Zinsfuß von „unendlich". Dies ist keine sinnvolle Entscheidungsgrundlage.

- Das zunächst kompliziert wirkende Verfahren zur Ermittlung des internen Zinsfußes lässt sich mit Tabellenkalkulationsprogrammen schnell und einfach durchführen.

2.2.3 Annuitätenmethode

Die **Annuitätenmethode** ist eine Variante der Kapitalwertmethode. Sie rechnet den Kapitalwert in
- *äquivalente* (d. h. der Barwert der kumulierten Zahlungen ist gleich dem Kapitalwert),
- *äquidistante* (d. h. der zeitliche Abstand zwischen den Zahlungen ist gleich groß) und
- *uniforme* (d. h. die Zahlungen sind gleich groß)

jährliche Zahlungen um. Diese jährlichen Zahlungen heißen **Annuität** (lat. annus = Jahr).

Während der Kapitalwert oft schwierig zu interpretieren ist, kommt die Annuität dem Denken der Praktiker in jährlichen Zahlungen entgegen.

- Der Kapitalwert zeigt den **Totalerfolg** von Investitionen auf.
- Die Annuität bezieht sich auf den **Periodenerfolg**; d.h. der Kapitalwert wird unter Berücksichtigung von Zinsen und Zinseszinsen gleichmäßig auf die Perioden der Nutzungsdauer verteilt.

Die **Entscheidungsregel** bei der Lösung der Frage, ob eine einzelne Investition verwirklicht werden soll, lautet: *Realisiere die Investition, wenn die Annuität größer null ist!* Vergleicht man sich gegenseitig ausschließende Investitionen, gilt: *Wähle die Investition mit der höchsten Annuität!*

Ermittelt wird die Annuität a durch Multiplikation des Kapitalwertes einer Investition mit dem sogenannten Wiedergewinnungsfaktor WGF:

$$a = C_0 \cdot WGF \qquad (40)$$

Der **Wiedergewinnungsfaktor** (Annuitätenfaktor) ist der Kehrwert des Rentenbarwertfaktors (vgl. S. 21); er lautet:

$$WGF = \frac{q^n \cdot i}{q^n - 1} \qquad (41)$$

Beispiel: Die oben genannte Investition A hat bei einer Nutzungsdauer von zwei Jahren einen Kapitalwert von 454,62 € und die Investition B bei fünf Jahren Nutzungsdauer einen Kapitalwert von 288,90 € (vgl. S. 21 und 22). Wie hoch sind die Annuitäten a_A und a_B?

Lösung:

$$a_A = 454{,}62 \cdot \frac{1{,}07^2 \cdot 0{,}07}{1{,}07^2 - 1} = 454{,}62 \cdot 0{,}55309 \approx 251{,}45$$

$$a_B = 288{,}90 \cdot \frac{1{,}07^5 \cdot 0{,}07}{1{,}07^5 - 1} = 288{,}90 \cdot 0{,}24398 \approx 70{,}46 \qquad (42)$$

Die Annuität beträgt für A 251,45 € und für B 70,46 €.

Die Annuität lässt sich interpretieren als gleichbleibender Betrag, der bei Durchführung der Investition neben Verzinsung und Tilgung in jeder Periode der Nutzungsdauer entnommen werden kann.

Beispiel: Realisiert der Investor Investition A, so kann er in jedem Jahr der Nutzungsdauer über Verzinsung und Tilgung hinaus einen Überschuss in Höhe von 251,45 € entnehmen; bei Realisierung von B jedoch nur einen Betrag von 70,46 € jährlich.

Die ökonomische Bedeutung der Annuität wird mit Hilfe eines vollständigen Finanzplans erläutert.

Investitionsrechnung 29

Exkurs: vollständiger Finanzplan

In einem **vollständigen Finanzplan** (VOFI) werden alle einer Investition zurechenbaren Zahlungen explizit dargestellt. Ergibt sich in einer Periode ein Einzahlungsüberschuss, so wird dieser zur Tilgung eines Kredits verwendet oder in eine Finanzanlage investiert. Bei einem Auszahlungsüberschuss wird ein Kredit aufgenommen. Insgesamt saldieren sich die Ein- und Auszahlungen in jeder Periode zu Null. Das Verfahren macht die Zahlungsströme transparent und verbessert damit das Verständnis der hinter den Investitionsrechnungsverfahren stehenden Zusammenhänge.

Beispiel: Für die Investition B soll mit Hilfe eines vollständigen Finanzplans die ökonomische Bedeutung der Annuität transparent gemacht werden.

Dem vollständigen Finanzplan wird ein standardisiertes Tabellenformular zugrunde gelegt, das sukzessive ausgefüllt wird. Zunächst wird der Zahlungsstrom für B ausgewiesen. Dann wird in jedem Jahr der Nutzungsdauer die Annuität in Höhe von 70,46 € subtrahiert. In t = 0 ist zur Finanzierung der Anschaffungsauszahlung die Aufnahme eines Kredits zu 7 % Zinsen erforderlich. Hierfür müssen in den Folgejahren bis zur vollständigen Tilgung Kreditzinsen gezahlt werden. Über die Annuität und die Zinszahlungen hinausgehende Einzahlungsüberschüsse werden zur Tilgung des Kredits verwendet, so dass sich in jedem Jahr insgesamt ein Finanzierungssaldo von Null ergibt. Für jedes Jahr wird ein Bestandssaldo als Saldo von Kredit- und Guthabenstand ausgewiesen.

Zeitpunkt	t = 0	t = 1	t = 2	t = 3	t = 4	t = 5
Zahlungsstrom	−7.000,−	+1.000,−	+1.500,−	+3.000,−	+2.000,−	+1.500,−
Eigenkapital Anfangsbestand − Entnahme		70,46	70,46	70,46	70,46	70,46
Kredit + Aufnahme − Tilgung − Kreditzinsen	7.000,−	439,54 490,−	970,31 459,23	2.538,23 391,31	1.715,91 213,63	1.336,02 93,52
Finanzierungssaldo	0,−	0,−	0,−	0,−	0,−	0,−
Bestandsgrößen Kreditstand Guthabenstand	7.000,−	6.560,46	5.590,15	3.051,92	1.336,01	0,01
Bestandssaldo	−7.000,−	−6.560,46	−5.590,15	−3.051,92	−1.366,01	**0,01**

Bei jährlicher Entnahme der Annuität ergibt sich am Ende der Nutzungsdauer ein Bestandssaldo von Null. (Die Abweichung von Null um einen Cent ist auf das Rechnen mit gerundeten Zahlen zurückzuführen.) Der Investor kann also, statt auf das Anfallen des Zahlungsüberschusses am Ende der Nutzungsdauer zu warten, bereits während der Nutzungsdauer in jedem Jahr Geldbeträge in Höhe der Annuität entnehmen.

Ende des Exkurses

Beurteilung der Annuitätenmethode:

- Die Annuitätenmethode ist aus der Kapitalwertmethode abgeleitet. Es gilt deswegen dieselbe Beurteilung wie für die Kapitalwertmethode (vgl. S. 23 f.).
- Ergänzungsinvestitionen werden wie bei der Kapitalwertmethode zum Kalkulationszinsfuß angelegt.
- Die Annuitätenmethode kommt dem Denken in jährlichen Zahlungen entgegen.

2.2.4 Einfluss der Methodenwahl auf das Ergebnis

In den vergangenen Beispielen führten Kapitalwert-, Interne Zinsfuß- und Annuitätenmethode zum gleichen Ergebnis:

Methode	Investition A	Investition B	Rangfolge
Kapitalwert	454,62 €	288,90 €	A≻B
Interner Zinsfuß	13,9 %	8,4 %	A≻B
Annuität	251,45 €	70,46 €	A≻B

Jedoch können sich die Ergebnisse nach den drei Methoden auch widersprechen:

Beispiel: Die Investitionen X, Y und Z sollen mit Hilfe der Kapitalwertmethode, der Methode des internen Zinsfußes und der Annuitätenmethode verglichen werden. Es gilt i = 7 %.

	t = 0	t = 1	t = 2	t = 3
Investition X	−6.054,30	+1.500	+3.000	+3.600
Investition Y	−3.000	+2.100	+1.699,50	
Investition Z	−3.000	+1.350	+1.350	+1.350

Lösung:

Methode	X	Y	Z	Rangfolge
Kapitalwert	906,56 €	447,03 €	542,83 €	X≻Z≻Y
Interner Zinsfuß	14,0 %	18,0 %	16,7 %	Y≻Z≻X
Annuität	345,45 €	247,25 €	206,85 €	X≻Y≻Z

Jede der Methoden führt zu einem anderen Ergebnis.

Die abweichenden Ergebnisse lassen sich auf die *unterschiedlichen Prämissen* der einzelnen Methoden zurückführen.

Warum ergibt die Kapitalwertmethode ein anderes Ergebnis als die Annuitätenmethode? Die unterschiedliche Rangfolge für die Investitionen Y und Z überrascht zunächst, weil die Annuitätenmethode aus der Kapitalwertmethode abgeleitet ist. Ursache der unterschiedlichen Ergebnisse ist, dass der Kapitalwert der Investitionen Y und Z auf *unterschiedliche Nutzungsdauern* verteilt wird:

Investition Y hat eine Nutzungsdauer von zwei Jahren, d. h. dass die Rückflüsse neben Verzinsung und Tilgung des eingesetzten Kapitals <u>zweimal</u> die Mittelentnahme in Höhe der errechneten

Investitionsrechnung 31

Annuität von 247,25 € ermöglichen. Die Nutzungsdauer von Investition Z beträgt drei Jahre, so dass hier die Annuität von 206,85 € dreimal entnommen werden kann.

Vergleicht man die Annuität der beiden Investitionen, ohne die unterschiedliche Nutzungsdauer zu berücksichtigen, geht man implizit davon aus, dass die Annuität während des gesamten Betrachtungszeitraums anfällt. Es wird also unterstellt, dass auf die Investition mit der kürzeren Nutzungsdauer (hier Y) eine Reinvestition mit gleicher Annuität folgt (**identische Reinvestition**).

Will man die Prämisse der identischen Reinvestition aufheben, legt man bei der Annuitätenermittlung für beide Investitionen die längere Nutzungsdauer zugrunde. Es gilt dann wie bei der Kapitalwertmethode die Annahme der Reinvestition zum Kalkulationszinsfuß. Ermittelt man die Annuität auch für die Investition Y mit einer Nutzungsdauer von drei Jahren, so ergibt sich eine Annuität von 170,34 €. Es gilt dann die gleiche Rangfolge wie bei der Kapitalwertmethode: X≻Z≻Y.

Warum ergibt die Methode des internen Zinsfußes ein anderes Ergebnis als die Kapitalwertmethode? Vergleicht man die Ergebnisse der beiden Methoden, erkennt man, dass sich die Rangfolge der Investitionen genau umkehrt. Ursache der unterschiedlichen Ergebnisse sind die unterschiedlichen Wiederanlageprämissen (vgl. S. 23 f. und S. 27). Bei der Kapitalwertmethode wird angenommen, dass die Überschüsse zum Kalkulationszinsfuß angelegt werden, also zu 7 %. Bei der Methode des internen Zinsfußes wird angenommen, dass sie zum jeweiligen internen Zinsfuß angelegt werden, also bei X zu 14,0 % und bei Z zu 16,7 %. Dies erscheint wenig realistisch.

Der Sachverhalt lässt sich auch geometrisch darstellen. Abbildung 7 zeigt die Kapitalwertfunktionen (vgl. S. 21 f.) der Investitionen X und Z, die den Kapitalwert in Abhängigkeit vom Kalkulationszinsfuß ausweisen. (Auf die Darstellung der Kapitalwertfunktion von Y wird der Übersichtlichkeit wegen verzichtet.)

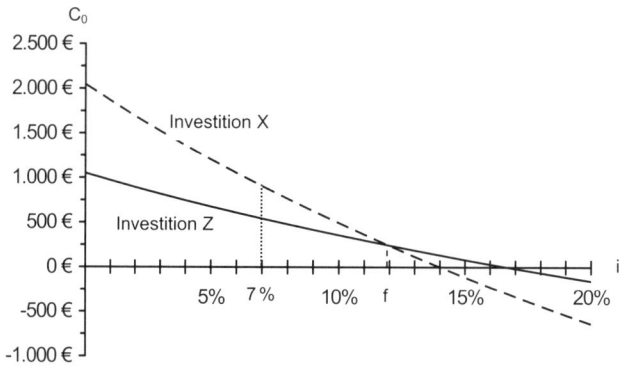

Abbildung 7. Kapitalwertfunktionen der Investitionen X und Z

Die Kapitalwertfunktionen von X und Z schneiden sich. Im Schnittpunkt ergibt sich der **kritische Zinsfuß f (FISHER rate)**. Bei einem niedrigeren Kalkulationszinsfuß als der FISHER rate ist die Investition X, bei einem höheren die Investition Z vorteilhaft. Da beim Vergleich der Investitionen X und Z mit der Kapitalwertmethode ein Kalkulationszinsfuß von 7%, also unterhalb der FISHER rate, gewählt wurde, ist hier die Investition X vorteilhaft. Nach der Methode des internen Zinsfußes muss hingegen Investition Z vorteilhaft sein, weil die internen Zins,füße der beiden Investitionen mit 14,0 % bzw. 16,7 % oberhalb der FISHER rate liegen.

Fazit. Um die Ergebnisse der drei dynamischen Verfahren der Investitionsrechnung interpretieren zu können, ist es wichtig, die impliziten Prämissen zu kennen:

Methode	Implizite Prämisse
Kapitalwertmethode	Wiederanlage zum Kalkulationszinsfuß
Methode des internen Zinsfußes	Wiederanlage zum internen Zinsfuß
Annuitätenmethode	identische Reinvestition

Die Frage, welche Methode nun richtig ist, lässt sich nicht pauschal beantworten. Bei der Methode des internen Zinsfußes sind jedoch Zweifel berechtigt, ob diese Methode zur Beurteilung von Investitionen geeignet ist (vgl. S. 27). Es empfiehlt sich daher, Investitionsentscheidungen mit Hilfe der Kapitalwertmethode oder – wenn periodisierte Ergebnisgrößen gewünscht werden – mit der Annuitätenmethode vorzubereiten. In Zweifelsfällen ist anzuraten, einen vollständigen Finanzplan zu erstellen (vgl. S. 29). Dieser zwingt z. B. dazu, sich explizit zu entscheiden, wie Ergänzungsinvestitionen verzinst werden sollen.

3 Optimale Nutzungsdauer und Ersatzzeitpunkt

Die Nutzungsdauer eines Investitionsobjekts wurde in den vorangegangenen Abschnitten als bekannte Größe vorgegeben. Dies ist in der Praxis selten der Fall. Oft wird die Bestimmung der Nutzungsdauer selbst zum Entscheidungsproblem.

Die **Nutzungsdauer** eines Investitionsobjekts ist der Zeitraum zwischen der Anschaffung (Inbetriebnahme) eines Objekts und dem Zeitpunkt, zu dem es aus rechtlichen, technischen oder wirtschaftlichen Gründen außer Betrieb genommen wird.

- **Rechtliche Nutzungsdauer.** Dies ist der Zeitraum, in dem ein Objekt auf der Basis gesetzlicher Vorschriften oder Verträge (**Beispiele:** Lizenzen, Patente, Mietverträge) genutzt werden darf. Die Feststellung der rechtlichen Nutzungsdauer ist aufgrund der vertraglichen Fixierung meist unproblematisch.
- **Technische Nutzungsdauer.** Dies ist der Zeitraum, in dem der technische Zustand des Objekts die Nutzung zulässt. Das Ende der technischen Nutzungsdauer wird z. B. durch mechanischen oder chemisch-biologischen Verschleiß herbeigeführt (vgl. *Bilanzen*, Abschnitt 2.4.1.3). Es ist schwer zu bestimmen, da es durch Reparaturen und Einbau von Ersatzteilen hinausgezögert werden kann.
- **Wirtschaftliche Nutzungsdauer.** Dies ist der Zeitraum, in dem die Nutzung des Investitionsobjekts aus ökonomischen Gründen sinnvoll erscheint. Die wirtschaftliche Nutzungsdauer hängt ab von
  - der *rechtlichen Nutzungsdauer*, **Beispiel:** Kosten durch Verlängerung von Lizenzen;
  - der *technischen Nutzungsdauer*, **Beispiel:** zunehmende Betriebs- und Instandhaltungskosten infolge von technischem Verschleiß;
  - *Angebots- und Nachfrageveränderungen*, **Beispiel:** sinkende Erlöse durch rückläufigen Absatz bei älteren Produkten; und
  - dem *technischen Fortschritt*, **Beispiel:** Verdrängung durch neue Anlagen mit Leistungs- und/oder Kostenvorteilen.

Im Rahmen der Investitionsrechnung wird versucht, die wirtschaftliche Nutzungsdauer eines Investitionsobjekts zu ermitteln. Dabei sind die Bestimmung der optimalen Nutzungsdauer und die Bestimmung des optimalen Ersatzzeitpunkts zu unterscheiden.

1. Die **optimale Nutzungsdauer** (Abschnitt 3.1) wird bereits vor der Investitionsentscheidung bestimmt, da sie einen Einfluss auf die Vorteilhaftigkeit einer Investition hat: Es ist eine *ex-ante-Optimierung*. **Beispiel:** Ein Unternehmen hat ein Angebot für eine neue Produktionsanlage erhalten. Die Geschäftsführung stellt sich die Fragen: Wie lange können wir die Anlage sinnvoll nutzen? Ist die Investition bei der veranschlagten Nutzungsdauer vorteilhaft?

2. Die Frage nach dem **optimalen Ersatzzeitpunkt** (Abschnitt 3.2) wird gestellt, wenn eine Investition bereits realisiert ist: Es ist eine *ex-post-Optimierung*. **Beispiel:** Ein Lebensmittelhersteller hat eine ältere Verpackungsanlage in Betrieb. Er muss entscheiden, ob er sie sofort ausrangieren soll oder erst nächstes Jahr.

3.1 Optimale Nutzungsdauer

Bei der Bestimmung der **optimalen Nutzungsdauer** lassen sich zwei Fälle unterscheiden:
- Einmalige Investition (Abschnitt 3.1.1); und
- Mehrmalige Investitionen (Investitionskette; Abschnitt 3.1.2).

3.1.1 Einmalige Investition

Die optimale Nutzungsdauer einer **einmaligen Investition** wird unter Anwendung der Kapitalwertmethode bestimmt.

Die **Entscheidungsregel** lautet: *Optimal ist die Nutzungsdauer mit dem maximalen Kapitalwert.*

Zur Ermittlung dieses Zeitpunkts wird für jedes Jahr des Planungszeitraums durchgerechnet, wie hoch der Kapitalwert ist, wenn genau in diesem Jahr die Nutzung des Investitionsobjekts eingestellt wird.

Beispiel: Ein Investor möchte die wirtschaftlich optimale Nutzungsdauer einer Anlage mit einer technischen Nutzungsdauer von sechs Jahren bestimmen. Ein Anschlussprojekt am Ende der Nutzungsdauer ist nicht möglich. Kredite können zu 7 % p.a. aufgenommen werden; ausreichende Kreditlinien sind verfügbar. Der Investor prognostiziert folgende Zahlungsströme:

	t=0	t=1	t=2	t=3	t=4	t=5	t=6
A_0	-10.000						
$E_t - A_t$		3.500	4.000	3.000	2.000	1.500	500
L_t		10.000| 7.000	6.000	5.000	4.000	3.000	1.500

Lösung: Der Lösungsweg besteht aus drei Schritten.

1. *Definition der Nutzungsdaueralternativen.* Der Investor hat insgesamt sieben Nutzungsdaueralternativen: er kann die Anlage entweder null, ein, zwei, usw. oder sechs Jahre nutzen (n = 0, 1, 2,..., 6).
2. *Ermittlung der Zahlungsreihen.* Für jede Nutzungsdaueralternative wird die zugehörige Zahlungsreihe ermittelt:

Altern.	t=0	t=1	t=2	t=3	t=4	t=5	t=6
n=0	0						
n=1	-10.000	10.500					
n=2	-10.000	3.500	10.000				
n=3	-10.000	3.500	4.000	8.000			
n=4	-10.000	3.500	4.000	3.000	6.000		
n=5	-10.000	3.500	4.000	3.000	2.000	4.500	
n=6	-10.000	3.500	4.000	3.000	2.000	1.500	2.000

Investitionsrechnung 35

3. *Berechnung der Kapitalwerte für alle Nutzungsdaueralternativen.* Für alle sieben Nutzungsdaueralternativen wird der Kapitalwert berechnet.

	n = 0	n = 1	n = 2	n = 3	n = 4	n = 5	n = 6
C_0	0	–186,92	2.005,42	3.295,17	3.791,05	**3.947,90**	3.141,63

Der Kapitalwert erreicht bei einer Nutzung des Investitionsobjekts bis zum Ende des fünften Jahres sein Maximum. Die optimale Nutzungsdauer beträgt also fünf Jahre.

Allgemein formuliert lohnt sich eine Verlängerung der Nutzungsdauer um eine Periode immer genau dann, wenn der Kapitalwert für die Nutzungsdaueralternative n höher ist als für (n–1):

$$C_0^n > C_0^{n-1}$$

$$-A_0 + \sum_{t=1}^{n}(E_t - A_t) \cdot (1+i)^{-t} + L_n \cdot (1+i)^{-n} > -A_0 + \sum_{t=1}^{n-1}(E_t - A_t) \cdot (1+i)^{-t} + L_{n-1} \cdot (1+i)^{-n+1}$$

$$(E_n - A_n) \cdot (1+i)^{-n} + L_n \cdot (1+i)^{-n} > L_{n-1} \cdot (1+i)^{-n+1} \qquad (43)$$

$$E_n - A_n + L_n > L_{n-1} \cdot (1+i)$$

$$(E_n - A_n) > (L_{n-1} - L_n) + L_{n-1} \cdot i$$

Mathematisch ergibt sich also die **Entscheidungsregel:** Eine Verlängerung der Nutzungsdauer um eine Periode ist sinnvoll, *wenn der Zahlungsüberschuss in n (E_n–A_n) größer ist als die Abnahme des Liquidationserlöses in der betrachteten Periode (L_{n-1}–L_n) plus die Zinsen auf den Liquidationserlös der vorangegangenen Periode L_{n-1} ·i.*

3.1.2 Mehrmalige Investition

Unter einer **mehrmaligen Investition** (Investitionskette) versteht man die identische Wiederholung einer Investition am Ende ihrer wirtschaftlichen Nutzungsdauer. Dabei fällt das Ende der **Grundinvestition** mit dem Beginn der **Folgeinvestition** zusammen. „Identisch" bedeutet nicht physische Identität, sondern *wirtschaftliche Identität*, d. h. der Zahlungsstrom ist gleich.

Bei den mehrmaligen Investitionen lassen sich drei Fälle unterscheiden:
- **einmalige** identische Wiederholung,
- **mehrmalige** identische Wiederholung und
- **unendliche** identische Wiederholung.

Bei der Bestimmung der optimalen Nutzungsdauer der einzelnen Kettenglieder wird nicht der Kapitalwert je Kettenglied, sondern der *Gesamtkapitalwert der Investitionskette* maximiert.

Bei einer **einmaligen identischen Wiederholung** wird zunächst die optimale Nutzungsdauer der Folgeinvestition, wie in Abschnitt 3.1.1 beschrieben, bestimmt. Die optimale Nutzungsdauer der Grundinvestition lässt sich dann ermitteln, indem für alle möglichen Nutzungsdauern der dazugehörige Gesamtkapitalwert der Investitionskette (= Kapitalwert der Grundinvestition + abgezinster Kapitalwert der Folgeinvestition) errechnet wird.

Die **Entscheidungsregel** lautet: *Optimal ist die Nutzungsdauer der Grundinvestition, für die der Gesamtkapitalwert der Investitionskette maximal wird!*

Beispiel: Der Investor möchte die oben beschriebene Investition einmal wiederholen. Wie hoch ist die optimale Nutzungsdauer der Grund- und der Folgeinvestition?

Lösung:

1. *Bestimmung der optimalen Nutzungsdauer der Folgeinvestition.* Die optimale Nutzungsdauer der Folgeinvestition beträgt fünf Jahre (vgl. S. 35).

2. *Ermittlung der Zahlungsreihen für die Investitionskette bei unterschiedlichen Nutzungsdauern der Grundinvestition.* Zu den Zahlungsreihen der Grundinvestition (vgl. S. 34) wird am Ende ihrer unterstellten wirtschaftlichen Nutzungsdauer der Kapitalwert der Folgeinvestition in Höhe von 3.947,90 € addiert.

	t=0	t=1	t=2	t=3	t=4	t=5	t=6
n=0	3.947,90						
n=1	-10.000	14.447,90					
n=2	-10.000	3.500	13.947,90				
n=3	-10.000	3.500	4.000	11.947,90			
n=4	-10.000	3.500	4.000	3.000	9.947,90		
n=5	-10.000	3.500	4.000	3.000	2.000	8.447,90	
n=6	-10.000	3.500	4.000	3.000	2.000	1.500	5.947,90

3. *Ermittlung des Gesamtkapitalwerts der Investitionskette.*

	n=0	n=1	n=2	n=3	n=4	n=5	n=6
C_0	3.947,90	3.502,71	5.453,66	6.517,83	**6.802,88**	6.762,70	5.772,28

Wenn die Grundinvestition vier Jahre genutzt wird, erreicht der Gesamtkapitalwert der Investitionskette sein Maximum. Die optimale Nutzungsdauer für die Grundinvestition beträgt also nicht wie bei der einmaligen Investition fünf, sondern nur noch vier Jahre.

Die optimale Nutzungsdauer einer Investition ist kürzer, wenn sie die Grundinvestition einer Investitionskette ist. Dieses lässt sich so erklären: Verlängert sich die Nutzungsdauer der Grundinvestition um ein Jahr, so kann auch die Folgeinvestition erst später beginnen. Dem Investor entgeht damit der Zins eines Jahres auf den Kapitalwert der Folgeinvestition.

Die Folgeinvestition steigert den Gesamtkapitalwert der Investitionskette

- bei einer Beendigung der Grundinvestition in (n−1) um:

$$C_0^{Folgeinv.} \cdot (1+i)^{-n+1} \qquad (44)$$

- und bei einer Beendigung der Grundinvestition in n um:

$$C_0^{Folgeinv.} \cdot (1+i)^{-n} . \qquad (45)$$

Investitionsrechnung

Dem Investor entgeht also, wenn er die Nutzungsdauer der Grundinvestition von $(n-1)$ auf n verlängert, die Differenz d von (44) und (45):

$$d = C_0^{Folgeinv.} \cdot (1+i)^{-n+1} - C_0^{Folgeinv.} \cdot (1+i)^{-n}$$
$$d \cdot (1+i)^n = C_0^{Folgeinv.} \cdot (1+i) - C_0^{Folgeinv.} \qquad (46)$$
$$d = C_0^{Folgeinv.} \cdot i \cdot (1+i)^{-n}$$

Eine Verlängerung der Nutzungsdauer um eine Periode ist bei einer Investitionskette mit einmaliger identischer Wiederholung nur dann sinnvoll, wenn der Zahlungsüberschuss in n neben der Abnahme des Liquidationserlöses und den Zinsen auf den Liquidationserlös der vorangegangenen Periode zusätzlich die *Verzinsung des Kapitalwerts der Folgeinvestition* deckt.

Bei einer **mehrmaligen identischen Wiederholung** wird die optimale Nutzungsdauer der Kettenglieder wie bei der einmaligen identischen Wiederholung durch Maximierung des Gesamtkapitalwerts der Investitionskette bestimmt. Der bei der einmaligen identischen Wiederholung festgestellte Effekt, dass die optimale Nutzungsdauer der Grundinvestition kürzer ist als die der Folgeinvestition, lässt sich für den Fall der mehrmaligen identischen Wiederholung verallgemeinern.

Es gilt: *In einer endlichen Investitionskette ist die optimale Nutzungsdauer jedes Kettenglieds länger als die des vorangehenden und kürzer als die des nachfolgenden Kettenglieds.*

Das heißt anders formuliert: Die optimale Nutzungsdauer eines Investitionsobjekts in einer Investitionskette ist umso kürzer, je mehr identische Investitionen ihm folgen.

Mangels Informationen über die Zahlungsreihen zukünftiger, heute noch gar nicht bekannter Ersatzanlagen wird häufig die Annahme einer **unendlichen identischen Wiederholung** eines bekannten Investitionsobjekts getroffen. Hierbei lässt sich die Berechnung der optimalen Nutzungsdauer vereinfachen. Jedes Glied der Investitionskette muss die gleiche optimale Nutzungsdauer aufweisen. Denn auf jedes Glied der Investitionskette folgen unendlich viele identische Investitionen.

Die optimale Nutzungsdauer wird unter Anwendung der Annuitätenmethode ermittelt, welche bereits implizit von der Prämisse einer identischen Reinvestition ausgeht (vgl. S. 31).

Die **Entscheidungsregel** lautet: *Die Nutzungsdauer für jedes Glied der Investitionskette ist dann optimal, wenn die Annuität maximal ist!*

Beispiel: Der Investor möchte sein Unternehmen auf Dauer betreiben und geht dabei von einer unendlichen identischen Wiederholung der oben beschriebenen Investition aus. Wie hoch ist die optimale Nutzungsdauer für jedes Glied der Investitionskette?

Lösung: Für jede Nutzungsdaueralternative eines einzelnen Kettenglieds wird die entsprechende Annuität ermittelt, indem die – analog zur Nutzungsdauerbestimmung bei Einzelinvestitionen – ermittelten Kapitalwerte mit den entsprechenden Wiedergewinnungsfaktoren (WGF) multipliziert werden.

38 Investitionsrechnung

	n=0	n=1	n=2	n=3	n=4	n=5	n=6
C_0	0	−186,92	2.005,42	3.295,17	3.791,05	**3.947,90**	3.141,63
WGF	—	1,07000	0,55309	0,38105	0,29523	0,24389	0,20980
A	—	−200,00	1.109,18	**1.255,62**	1.119,23	962,85	659,11

Die Annuität wird bei einer dreijährigen Nutzung des Investitionsobjekts maximal. Die optimale Nutzungsdauer für jedes Glied der unendlichen identischen Investitionskette beträgt also drei Jahre.

3.2 Optimaler Ersatzzeitpunkt

Während der Nutzungsdauer eines Investitionsobjekts können sich die Daten z. B. durch technischen Fortschritt oder nicht vorhergesehene Nachfrageschwankungen ändern, so dass bereits vor dem Ablauf der ex ante als optimal beurteilten Nutzungsdauer eine *Entscheidung über den sofortigen Ersatz* einer Anlage durch eine neue Anlage getroffen werden muss. Die Entscheidungsalternative lautet:

- Sofortiger Ersatz des alten Investitionsobjekts oder
- Ersatz nach einem weiteren Nutzungsjahr (oder noch später).

Mögliche Ansätze zur Lösung des Entscheidungsproblems sind:

- Ein statischer Lösungsansatz auf der Basis der Kostenvergleichsrechnung (Abschnitt 3.2.1);
- ein dynamischer Lösungsansatz auf der Basis der Kapitalwertmethode (Abschnitt 3.2.2); und
- die **MAPI-Methode**. Dies ist ein teilweise dynamisches Verfahren, das vom US-amerikanischen MACHINERY AND ALLIED PRODUCTS INSTITUTE entwickelt wurde. Ihre praktische Bedeutung ist jedoch gering geblieben.

3.2.1 Lösungsansatz: Kostenvergleichsrechnung

Zur Lösung des Ersatzproblems mit der **Kostenvergleichsrechnung** (vgl. S. 8 ff.) werden die Durchschnittskosten der neuen Ersatzanlage mit den *Grenzkosten* der alten Anlage verglichen, d. h. mit den Kosten der alten Anlage, die im Fall des Ersatzes eingespart werden könnten.

Die **Entscheidungsregel** lautet: *Ersetze ein Investitionsobjekt sofort, wenn in der betrachteten Periode die Grenzkosten bei Weiterbetrieb der alten Anlage höher sind als die Durchschnittskosten bei Inbetriebnahme der neuen Anlage!*

In den Kostenvergleich einbezogen werden insbesondere
- die fixen und variablen Betriebskosten sowie
- Abschreibungen und Zinsen (= Kapitalkosten).

Investitionsrechnung 39

Für die **neue Anlage** sind die Durchschnittskosten bei Inbetriebnahme relevant. Die durchschnittlichen Abschreibungen werden errechnet, indem die Anschaffungsauszahlungen gleichmäßig auf die Jahre der Nutzung verteilt werden (lineare Abschreibung). Die Zinsen werden auf das durchschnittlich gebundene Kapital bezogen, welches z.B. bei einem Liquidationserlös von Null und kontinuierlicher Amortisation der halben Anschaffungsauszahlung entspricht (vgl. Gleichung (2) auf S. 8).

Für die **alte Anlage** sind nicht die durchschnittlichen Kapitalkosten, die sich aus den historischen Anschaffungskosten ableiten, entscheidungsrelevant, sondern die Grenzkapitalkosten.

Grundlage zur Ermittlung der **Grenzkapitalkosten** ist der Liquidationserlös der alten Anlage, der im Fall eines sofortigen Ersatzes erzielt werden könnte. Verschiebt man den Ersatz um ein Jahr, wird sich in der Regel der Liquidationserlös vermindern. Der Differenzbetrag muss abgeschrieben werden und ergibt damit die Abschreibungskosten. Analog gilt, dass die Zinskosten auf den Liquidationserlös anzusetzen sind, da dieser bei Aufschub der Ersatzinvestition um ein Jahr weiter gebunden bleibt.

Beispiel: Eine Druckerei steht vor der Entscheidung, eine alte Druckmaschine sofort durch eine neue zu ersetzen. Der Zinssatz beträgt 7 %. Ist der sofortige Ersatz vorteilhaft?

Daten	alte Anlage	neue Anlage
Anschaffungskosten in €	180.000	240.000
durchschnittlicher Kapitaleinsatz in €		120.000
geplante Nutzungsdauer in Jahren	10	10
Restlebensdauer der alten Anlage in Jahren	3	
geplante Mengeneinheiten in diesem Jahr	250.000	250.000
Liquidationserlös in € zu Beginn dieses Jahres	30.000	
Liquidationserlös in € am Ende dieses Jahres	20.000	
Fixe Betriebskosten in diesem Jahr	15.000	18.000
Variable Betriebskosten je Mengeneinheit	0,02	0,01

Lösung: Auf der Basis der gegebenen Daten werden die Kosten bei Nichtersatz der alten Anlage mit den Kosten der neuen Anlage verglichen:

Kosten in €	alte Anlage	neue Anlage
Abschreibung der alten Anlage bei Nichtersatz	10.000	
Zinsen auf das gebundene Kapital der alten Anlage (Liquidationserlös zu Beginn dieses Jahres) bei Nichtersatz	2.100	
Abschreibung der neuen Anlage		24.000
Zinsen auf das gebundene Kapital der neuen Anlage (7 %)		8.400
Fixe Betriebskosten	15.000	18.000
Variable Betriebskosten	5.000	2.500
Gesamtkosten	**32.100**	**52.900**

Da im betrachteten Jahr die Grenzkosten für die alte Anlage niedriger sind als die Durchschnittskosten für die neue Anlage, sollte der Investor die alte Anlage noch nicht ersetzen. Unerheblich für die Entscheidung sind die historischen Anschaffungskosten und die ursprünglich geplante Nutzungsdauer der alten Anlage.

3.2.2 Lösungsansatz: Kapitalwertmethode

Der optimale Ersatzzeitpunkt eines Investitionsobjekts wird hier analog zur optimalen Nutzungsdauer des ersten Kettenglieds einer mehrmaligen identischen Investition ermittelt (vgl. S. 37).

Die **Entscheidungsregel** lautet: *Ersetze die alte Anlage am Ende der Periode (n−1) durch eine neue Anlage, wenn gilt:*

$$(E_n^{alt} - A_n^{alt}) < (L_{n-1}^{alt} - L_n^{alt}) + L_{n-1}^{alt} \cdot i + C_0^{neu} \cdot i \quad (47)$$

Mit anderen Worten: Wenn der Einzahlungsüberschuss für die alte Anlage in der Periode n ($E_n^{alt} - A_n^{alt}$) zu klein ist, um neben dem Verlust an Liquiditätserlös für die alte Anlage ($L_{n-1}^{alt} - L_n^{alt}$) und den Zinsen auf den entgangenen Liquidationserlös der Periode n−1 ($L_{n-1}^{alt} \cdot i$) auch die Zinsen auf den Kapitalwert der Neuanlage ($C_0^{neu} \cdot i$) zu decken, dann sollte die Altanlage ersetzt werden. Im umgekehrten Fall wird der Ersatz auf eine spätere Periode verschoben.

Der Lösungsansatz für die beiden Fragestellungen Ersatzproblem und optimale Nutzungsdauer ist also identisch. Bei der Entscheidung über den Ersatzzeitpunkt ist jedoch die Prognoseunsicherheit geringer.

4 Steuern und Inflation

4.1 Steuern

Bisher wurde stillschweigend davon ausgegangen, dass der Investor in einer *Welt ohne Steuern* lebt. Das ist eine sehr unrealistische Annahme. **Steuern** spielen für Investitionsentscheidungen eine erhebliche Rolle, da sie bewirken können,

- dass aus einer vorteilhaften Investition eine unvorteilhafte wird (und sogar umgekehrt!);
- dass sich beim Vergleich von Investitionsalternativen die Rangfolge verändert; und
- dass sich die wirtschaftlich optimale Nutzungsdauer von Investitionsobjekten verschiebt.

Die Kostenrechnung (vgl. *Kosten- und Leistungsrechnung*, Abschnitt 2.1.4) unterscheidet die Umsatzsteuer, Kostensteuern und Gewinnsteuern.

- **Umsatzsteuer** (Mehrwertsteuer). Ihre Berücksichtigung wird in der Investitionsrechnung umgangen, indem alle Aus- und Einzahlungen *netto*, d.h. ohne Umsatzsteuer, angesetzt werden. Sie braucht deshalb hier nicht weiter betrachtet zu werden.

- **Kostensteuern** sind nach herrschender Meinung die Steuern, die mit der Leistungserstellung und der Aufrechterhaltung der Betriebsbereitschaft verbunden sind. Kostensteuern stellen in der Kostenrechnung Kosten dar. **Beispiele:** Grundsteuer, Kraftfahrzeugsteuer. In der Investitionsrechnung lassen sich Kostensteuern problemlos in die klassischen Kalküle einbeziehen. Sie werden einfach als *zusätzliche Auszahlungen* für die jeweilige Investition in der Zahlungsreihe berücksichtigt und brauchen deshalb hier ebenfalls nicht weiter betrachtet zu werden.

- **Gewinnsteuern** (Ertragsteuern). Dies sind Steuern auf den Gewinn; in der Kostenrechnung stellen sie nach herrschender Meinung keine Kosten dar. **Beispiele:** Einkommensteuer, Kirchensteuer, Körperschaftsteuer, Gewerbesteuer. Die Einbeziehung der Gewinnsteuern in die Investitionsrechnung ist schwieriger, da ihre Höhe vom zu versteuernden Gewinn abhängt. Sie werden deshalb in diesem Abschnitt genauer betrachtet.

Exkurs: Die Gewinnsteuern

- **Einkommensteuer.** Gegenstand der Einkommensteuer ist das Einkommen der natürlichen Personen, das sich aus *sieben Einkunftsarten* zusammensetzt:
  1. Einkünfte aus Land- und Forstwirtschaft. **Beispiel:** Einkünfte eines Landwirts.
  2. Einkünfte aus Gewerbebetrieb. **Beispiel:** Einkünfte eines Einzelunternehmers oder Gesellschafters einer Personengesellschaft (OHG, KG).
  3. Einkünfte aus selbständiger Arbeit. **Beispiel:** Einkünfte eines Arztes oder Steuerberaters.
  4. Einkünfte aus nichtselbständiger Arbeit. **Beispiel:** Einkünfte eines Arbeitnehmers.
  5. Einkünfte aus Kapitalvermögen. **Beispiel:** Zinsen, Dividenden.
  6. Einkünfte aus Vermietung und Verpachtung. **Beispiel:** Wohnungsmieten.
  7. Sonstige Einkünfte. **Beispiel:** Spekulationsgewinne.

42 Investitionsrechnung

Die *Bemessungsgrundlage* der Einkommensteuer ist das zu versteuernde Einkommen (ZVE). Die Einkommensteuer wird nach einem *progressiven Tarif* berechnet, d. h., wer wenig verdient, zahlt prozentual wenig, wer viel verdient, prozentual mehr Einkommensteuer. Bei einem ZVE von **52.152 €** sind **28,3 %** Einkommensteuer einschließlich des Solidaritätszuschlages (SolZ) zu zahlen; gleichzeitig wird der Spitzensteuersatz erreicht. Für das 52.152 € übersteigende ZVE werden dann **44,3 %** Einkommensteuer einschließlich SolZ erhoben (Tarif seit 01.01.2005).

- **Kirchensteuer.** Steuerpflichtig sind alle Mitglieder einer Kirchensteuer erhebenden kirchlichen Körperschaft des öffentlichen Rechts. *Bemessungsgrundlage* für die Kirchensteuer ist die Einkommensteuer. Sie beträgt je nach Bundesland 8 % bis 9 % der Einkommensteuer.

- **Körperschaftsteuer.** *Bemessungsgrundlage* der Körperschaftsteuer ist das nach den Vorschriften des Einkommensteuergesetzes ermittelte ZVE von juristischen Personen. **Beispiele:** Kapitalgesellschaften (Aktiengesellschaft, GmbH); nicht jedoch Einzelunternehmen, OHG, KG. Der Steuersatz beträgt 25 % des ZVE, einschl. SolZ 26,375 %.

- **Gewerbesteuer.** Jeder Gewerbebetrieb (**Beispiele:** AG, GmbH, KG, OHG, Einzelunternehmen; nicht jedoch Freiberufler wie z. B. Ärzte) ist gewerbesteuerpflichtig. *Bemessungsgrundlage* ist der Gewerbeertrag, der aus dem Gewinn des Gewerbebetriebs durch Hinzurechnungen (**Beispiel:** die Hälfte der Dauerschuldzinsen) und Kürzungen abgeleitet wird. Multipliziert man den Gewerbeertrag mit der *Steuermesszahl* (bei Einzelunternehmen und Personengesellschaften gestaffelt 0–5 %, bei Kapitalgesellschaften stets 5 %) und dem von der Gemeinde festgelegen *Hebesatz*, so ergibt sich die Gewerbesteuerschuld. Die Hebesätze liegen zwischen dem Mindestsatz von 200 % und 490 % (Frankfurt/Main, München). Auch gibt es unter den Bundesländern erhebliche Unterschiede. **Beispiel:** In NORDRHEIN-WESTFALEN gibt es kaum eine Gemeinde mit einem Hebesatz unter 400 %; in MECKLENBURG-VORPOMMERN dagegen viele Gemeinden mit 200 %. Eine Besonderheit ist, dass die Gewerbesteuer als Betriebsausgabe abzugsfähig ist.

Einzelunternehmen und Personengesellschaften werden mit Gewerbesteuer, jedoch selber nicht mit Einkommen- oder Körperschaftsteuer belastet. Stattdessen versteuern die Einzelunternehmer (Gesellschafter von Personengesellschaften) ihren Gewinn (Gewinnanteil) als Einkünfte aus Gewerbebetrieb bei der Einkommensteuer. Die vom Unternehmen gezahlte Gewerbesteuer wird im Einkommensteuerbescheid im Wesentlichen wieder angerechnet. Das Verfahren ist kompliziert. **Beispiel:** Bei einem maximalen Hebesatz von 490 % beträgt die Spitzenbelastung aus Einkommen- und Gewerbesteuer **47,6 %**. Bei niedrigen Hebesätzen kann sie auch unter der einkommensteuerlichen Spitzenbelastung von **44,3 %** liegen. Hinzu kommt ggf. die Kirchensteuer. Doch wie sieht es bei den Kapitalgesellschaften aus?

Beispiel: Gesamtbelastung einer GmbH mit Ertragsteuern (2006). Wir nehmen einen Gewinn vor Ertragsteuern von 60.000 € und einen Hebesatz von 400 % an. Hinzurechnungen und Kürzungen sowie der (Zwangs-)Beitrag an die örtliche Industrie- und Handelskammer seien vernachlässigbar. Dann beträgt die Gewerbesteuer 10.000 €: Gewinn nach Abzug der Gewerbesteuer 50.000 € · 5 % · 400 % = 10.000 €. Die Körperschaftsteuer beträgt 50.000 € · 26,375 % = 13.187,50 € einschl. SolZ. Die GmbH-Belastung beträgt also 23.187,50 € entsprechend **38,6 %**. Wenn der verbleibende Betrag von 60.000 € – 10.000 € – 13.187,50 € = 36.812,50 € an eine natürliche Person ausgeschüttet wird, wird er zur Hälfte (= 18.406,25 €) der Einkommensteuer unterworfen (sog. Halbeinkünfteverfahren). Es sind dann je nach persönlichem Einkommensteuersatz des Anteilseigners 0 € bis zu 18.406,25 € · 44,31 % = 8.155,81 € (z. B. GmbH-Geschäftsführer) zu zahlen. Die Gesamtbelastung liegt damit zwischen **38,6 %** und **52,2 %**.

Insgesamt besteht ein lebhafter Steuerwettbewerb in Europa; die SLOWAKEI erhebt z. B. nur 19% Körperschaftsteuer, IRLAND nur 12,5%. Diese attraktiven Sätze haben sich sehr positiv auf die dortige Wirtschaft ausgewirkt. Aus dem traditionellen Auswanderungsland IRLAND ist inzwischen sogar ein Einwanderungsland geworden. ÖSTERREICH hat auf den günstigen slowakischen Satz, gültig keine 100 km von WIEN entfernt, schnell reagiert und die Körperschaftsteuer ab 01.01.2005 von 34% auf 25% gesenkt. Der deutsche Gesetzgeber plant (Stand Oktober 2006), ab 01.01.2008 die Körperschaftsteuer auf 15% und die Gewerbesteuer-Messzahl auf 3,5% zu senken. Der Betriebsausgaben-Abzug der Gewerbesteuer soll entfallen. Es ergäbe sich damit bei obigem Beispiel eine GmbH-Belastung von 15% + 3,5% · 400% = **29,0%**. Die Ausschüttung soll ab 01.01.2009 mit einer Abgeltungssteuer von 25%, einschl. SolZ 26,375%, besteuert werden. Es ergäbe sich dann eine Gesamtbelastung von 29,0% + (1 − 29,0%) · 26,375% = **47,7%**.

Ende des Exkurses

Da Steuern das Ergebnis einer Investitionsentscheidung erheblich beeinflussen, müssen sie in eine vollständige Investitionsanalyse einbezogen werden. Für die exakte Berechnung der durch eine Investition hervorgerufenen zusätzlichen Steuerbelastung müsste man die Steuerbemessungsgrundlagen für jedes Jahr des Planungszeitraums prognostizieren. Um den Prognoseaufwand überschaubar zu halten, werden folgende vereinfachende Annahmen getroffen:

- Einkommen-, Kirchen-, Körperschaft- und Gewerbesteuer werden zu einer **allgemeinen Gewinnsteuer** zusammengefasst, die unabhängig von der Rechtsform des Unternehmens alle Gewinne in gleicher Weise trifft. Neben der allgemeinen Gewinnsteuer werden keine weiteren Steuern erhoben.
- Die allgemeine Gewinnsteuer ist **proportional**, d. h. der Gewinnsteuersatz s ist unabhängig von der Höhe der Bemessungsgrundlage; einen Freibetrag gibt es nicht.
- **Bemessungsgrundlage** der allgemeinen Gewinnsteuer ist der zu versteuernde Gewinn, der sich aus den periodischen Rückflüssen, den Abschreibungen sowie den Zinsen ergibt. Abschreibungen und Zinsaufwendungen mindern den Gewinn, Zinserträge erhöhen ihn:

Periodenüberschuss	$R_t \ (= E_t - A_t)$
− Abschreibungen	− AfA_t
± Zinsertrag/Zinsaufwand	± Z_t
= **zu versteuernder Gewinn**	= **zu verst. Gewinn**

- Ein zu versteuernder Gewinn führt in derselben Periode zu Steuerzahlungen. Ist die Bemessungsgrundlage negativ, entstehen in derselben Periode **Steuerrückzahlungen**.
- Die Zahlungsströme sind von der Höhe der Besteuerung unabhängig. Der Investor versucht nicht, seine Steuerschuld z. B. durch Preiserhöhungen an die Kunden zu überwälzen.

Im Folgenden werden zwei Verfahren vorgestellt, mit denen Gewinnsteuern in die Investitionsrechnung einbezogen werden können: das Standardmodell (Abschnitt 4.1.1) und das Zinsmodell (Abschnitt 4.1.2). Beide Verfahren basieren auf der Kapitalwertmethode; vgl. hierzu Gleichungen (21) und (22) auf S. 20.

44 Investitionsrechnung

4.1.1 Standardmodell

Im **Standardmodell** wird zunächst der Term (E_t-A_t) zur Vereinfachung durch R_t (Rückfluss in t) ersetzt. Besteuert wird nicht der gesamte Rückfluss, sondern nur Rückfluss minus Abschreibungen. Anstelle von (E_t-A_t) in (21) und (22) auf S. 20 setzt man deshalb $[R_t-s \cdot (R_t-AfA_t)]$.

Zinsertrag und Zinsaufwand werden durch eine Korrektur des Kalkulationszinsfußes i um den Steuersatz s berücksichtigt: Anstelle von $q^{-t}=(1+i)^{-t}$ wird $[1+i \cdot (1-s)]^{-t}$ verwendet. Hinter dieser indirekten Berücksichtigung der Steuerwirkung von Zinserträgen und Zinsaufwendungen steht eine *Umdefinition der Vergleichsalternative:* Die versteuerte Sachinvestition wird mit einer versteuerten Finanzanlage verglichen.

Im Standardmodell ergibt sich der Kapitalwert einer Investition unter Berücksichtigung von Gewinnsteuern deshalb nach folgender Formel:

$$C_0^{St} = -A_0 + \sum_{t=1}^{n}[R_t - s \cdot (R_t - AfA_t)] \cdot [1+i \cdot (1-s)]^{-t} \quad \text{mit } R_t=E_t-A_t \qquad (48)$$

Beispiel: Ein Investor erwägt eine Investition mit einer Anschaffungsauszahlung in Höhe von 6.000,– €. Er rechnet mit Rückflüssen vor Gewinnsteuern in Höhe von 5.400,– € im ersten Jahr und 2.400,– € im zweiten Jahr. Die ebenfalls entstehenden Kostensteuern sind bereits in dieser Zahlungsreihe enthalten. Abgeschrieben wird das Investitionsobjekt linear über zwei Jahre; ein Liquidationserlös ist nicht zu erwarten. Der persönliche Steuersatz des Investors beträgt 50 %. Zur Finanzierung würde er eine mit 6 % verzinste Finanzanlage auflösen, die er ebenfalls versteuern muss. Soll er die Investition durchführen?

Lösung:

$$\begin{aligned}
C_0^{St} &= -6.000 + [5.400 - (5.400 - 3.000) \cdot 0{,}5] \cdot [1 + 0{,}06 \cdot (1 - 0{,}5)]^{-1} \\
&\quad + [2.400 - (2.400 - 3.000) \cdot 0{,}5] \cdot [1 + 0{,}06 \cdot (1 - 0{,}5)]^{-2} \\
&= -6.000 + (5.400 - 1.200) \cdot 1{,}03^{-1} + (2.400 + 300) \cdot 1{,}03^{-2} \\
&= 622{,}68
\end{aligned} \qquad (49)$$

Erklärung: Bei linearer Abschreibung über zwei Jahre werden jährlich 3.000,– € abgeschrieben. Die Steuerbemessungsgrundlage ergibt sich aus Periodenüberschuss minus Abschreibungen. Im ersten Jahr sind 1.200,– € Gewinnsteuern zu zahlen; im zweiten Jahr werden 300,– € Gewinnsteuern erstattet. Die Zinsen werden bei der Ermittlung des zu versteuernden Gewinns nicht abgezogen, weil sie im Standardmodell indirekt durch die Korrektur des Kalkulationszinsfußes berücksichtigt werden: Durch die 50 %ige Gewinnsteuer wird aus dem 6 %igen Kalkulationszinsfuß vor Steuern ein 3 %iger Kalkulationszinsfuß nach Steuern. Diese 3 %, welche die versteuerte Finanzanlage erbringt, sind der Vergleichsmaßstab. Eingesetzt in (48) ergibt sich ein Kapitalwert nach Steuern von **622,68 €**. Die Investition ist also vorteilhaft.

4.1.2 Zinsmodell

Das **Zinsmodell** berechnet den Kapitalwert einer Investition unter Berücksichtigung von Gewinnsteuern nach folgender Formel:

$$C_0^{Zi} = -A_0 + \sum_{t=1}^{n} [R_t - s \cdot (R_t - AfA_t \pm Z_t)] \cdot (1+i)^{-t} \qquad (50)$$

Versteuert wird also ein Gewinn, der sich aus Periodenüberschuss minus Abschreibung plus/minus Zinsen ergibt (vgl. S. 43). Damit berücksichtigt das Zinsmodell

- den abschreibungsbedingten Steuereffekt in der Zahlungsreihe (wie das Standardmodell); und
- den zinsbedingten Steuereffekt ebenfalls in der Zahlungsreihe (im Gegensatz zum Standardmodell). Bei dieser direkten Berücksichtigung der Zinsen Z im Zahlungsstrom wird der Gewinn um die Zinsaufwendungen gemindert und um die Zinserträge erhöht (vgl. S. 43).

Das Zinsmodell macht dabei den gravierenden Fehler, eine versteuerte Sachinvestition mit einer unversteuerten Finanzanlage zu vergleichen: Denn die Zahlungsreihe wird mit dem Zins vor Steuern und nicht mit dem Zins nach Steuern diskontiert. Der mit dem Zinsmodell ermittelte Kapitalwert ist deshalb noch kein aussagefähiges Entscheidungskriterium. Erst die Ermittlung des Endvermögens stellt die Äquivalenz zum Standardmodell her und führt zu sinnvollen Ergebnissen.

Beim Zinsmodell ist der Kapitalwert abhängig von der Finanzierung.

- *Fremdfinanzierung.* Die steuerliche Abzugsfähigkeit von Fremdkapitalzinsen führt zu einem positiven steuerlichen Effekt.
- *Eigenfinanzierung.* Zinserträge erhöhen den zu versteuernden Gewinn und führen damit zu einem negativen steuerlichen Effekt.

Der Kapitalwert eigenfinanzierter Objekte ist damit im Zinsmodell bei der Berücksichtigung von Steuern stets niedriger als der Kapitalwert fremdfinanzierter Objekte.

Beispiel: Der Investor aus dem letzten Beispiel möchte nun den Kapitalwert nach Steuern unter Anwendung des Zinsmodells ermitteln. Dabei erwägt er a) Fremdfinanzierung und b) Eigenfinanzierung.

Lösung: a) *Fremdfinanzierung*

	t = 1	t = 2
Rückfluss R_t	5.400	2.400
Abschreibung AfA_t	3.000	3.000
Berechnung der Sollzinsen Z_t	$6.000 \cdot 6\% = 360$	$6.000 - (5.400 - 360 - 1.020) = 1.980$; $1.980 \cdot 6\% = 118,80$
zu versteuernder Gewinn	$5.400 - 3.000 - 360 = 2.040$	$2.400 - 3.000 - 118,80 = -718,80$
Steuerzahlung/-erstattung	$2.040 \cdot 50\% = 1.020$	$-718,80 \cdot 50\% = -359,40$

Die Zinsen sind für jedes einzelne Jahr genau zu ermitteln. Sie sind in jedem Jahr auf den Kreditstand bzw. Guthabenstand der Vorperiode zu zahlen. Im ersten Jahr wird z.B. ein Kreditstand von 6.000,- € aus der Vorperiode übernommen. 5.400,- € Periodenüberschuss fließen zu, jedoch sind 360,- € Zinsen und 1.020,- € Gewinnsteuern zu zahlen. Dies ergibt einen neuen Kreditstand von 1.980,- € im ersten Jahr, also 118,80 € Zinsen im zweiten Jahr. Eingesetzt in (50) ergibt sich ein Kapitalwert nach Gewinnsteuern und bei reiner Fremdfinanzierung von **+587,93 €**:

$$C_0^{Zi/FF} = -6.000 + (5.400 - 1.020) \cdot (1 + 0{,}06)^{-1} + (2400 + 359{,}40) \cdot (1 + 0{,}06)^{-2} = 587{,}93 \quad (51)$$

b) *Eigenfinanzierung*

	t=1	t=2
Rückfluss R_t	5.400	2.400
Abschreibung AfA_t	3.000	3.000
Berechnung der Habenzinsen Z_t	0	5.400 - 1.200 = 4.200; 4.200 · 6 % = 252
zu versteuernder Gewinn	5.400 - 3.000 = 2.400	2.400 - 3.000 + 252 = -348
Steuerzahlung/-erstattung	2.400 · 50 % = 1.200	-348 · 50 % = -174

Die Anschaffungsauszahlung wird mit 6.000,- € Eigenkapital finanziert. Im ersten Jahr ergeben sich deshalb keine Zinsen. Der Guthabenstand des ersten Jahres, 4.200,- €, führt jedoch im zweiten Jahr zu 252,- € Zinsen. Eingesetzt in (50) beträgt der Kapitalwert nach Gewinnsteuern und bei reiner Eigenfinanzierung **–253,11 €**:

$$C_0^{Zi/EF} = -6.000 + (5.400 - 1.200) \cdot (1 + 0{,}06)^{-1} + (2.400 + 174) \cdot (1 + 0{,}06)^{-2} = -253{,}11 \quad (52)$$

Standardmodell und Zinsmodell führen also zu unterschiedlichen Kapitalwerten. Ein Vergleich des jeweiligen Endvermögens EV_n würde jedoch zeigen, dass die Ergebnisse der beiden Modelle äquivalent sind.

4.1.3 Steuerparadoxon

Die Berücksichtigung von Gewinnsteuern in der Investitionsrechnung kann dazu führen, dass eine Investition, die in einer Welt ohne Steuern unvorteilhaft war, nun als vorteilhaft beurteilt wird. DIETER SCHNEIDER hat dieses Phänomen als **Steuerparadoxon** beschrieben.

Beispiel: Ein Investor möchte die Vorteilhaftigkeit einer Investition für den Fall ohne Gewinnsteuern und für den Fall mit Gewinnsteuern vergleichen. Die Rahmenbedingungen sind: Kalkulationszinsfuß 10 %, lineare Abschreibung, allgemeiner Gewinnsteuersatz 50 %, reine Fremdfinanzierung. Die Zahlungsreihe prognostiziert er wie folgt:

t=0	t=1	t=2	t=3
–6.000	0	4.000	3.520

Lösung: Es ergibt sich der folgende vollständige Finanzplan (vgl. S. 29):

Zeitpunkt	Ohne Gewinnsteuern				Mit Gewinnsteuern			
	t=0	t=1	t=2	t=3	t=0	t=1	t=2	t=3
Zahlungsstrom	−6.000	0	4.000	3.520	−6.000	0	4.000	3.520
Geldanlage − Anlage + Auflösung + Guthabenzinsen								66,75
Kredit + Aufnahme − Tilgung − Kreditzinsen	6.000	600	3.340 600	3.194 660 326	6.000	700 600	2.735 530	2.565 256,50
Steuerzahlungen − Auszahlung + Erstattung						1.300	735	631,75
Finanzierungssaldo	0	0	0	0	0	0	0	0
Bestandsgrößen Kreditstand Guthabenstand	6.000	6.600	3.260	66	6.000	5.300	2.565	66,75
Bestandssaldo	−6.000	−6.600	−3.260	−66	−6.000	−5.300	−2.565	66,75

Die Berechnung der Gewinnsteuern kann der folgenden Tabelle entnommen werden.

	t=1	t=2	t=3
Einzahlungsüberschuss	0	4.000	3.520
− Abschreibung	2.000	2.000	2.000
− Zinsaufwand	600	530	256,50
+ Zinsertrag			
zu versteuernder Gewinn	−2.600	1.470	1.263,50
Auszahlung		735	631,75
Erstattung	1.300		

Erklärung: Ohne Gewinnsteuern beträgt der Endwert der Investition −66,− € und ist damit unvorteilhaft. Berücksichtigt man jedoch die Gewinnsteuern, ergibt sich ein Endwert von +66,75 €: die Investition ist vorteilhaft. Anmerkung: Nach der Kapitalwertmethode (ohne Gewinnsteuern) ergibt sich ein Kapitalwert von −49,59 und mit dem Standardmodell (mit Gewinnsteuern) ein Kapitalwert von −57,66. Aufgezinst um drei Jahre sind es dieselben Endwerte.

Im ersten Jahr des „mit Gewinnsteuern"-Falls entstehen steuerliche Verluste, die zu einer Steuererstattung führen. Diese wird zur zusätzlichen Tilgung des Fremdkapitals verwendet, so dass im „mit Gewinnsteuern"-Fall insgesamt nur 1.386,50 € Kreditzinsen statt 1.586,− € im „ohne Gewinnsteuern"-Fall zu zahlen sind, also 199,50 € weniger (Zinsersparniseffekt). Die zusätzlich zu zahlenden Gewinnsteuern von insgesamt 66,75 € (Steuerbelastungseffekt) werden durch den positiven Zinsersparniseffekt überkompensiert.

Im Vergleich des „mit Gewinnsteuern"-Falls mit dem „ohne Gewinnsteuern"-Fall sind damit zwei Effekte zu beobachten:

- der **Zinsersparniseffekt** und
- der **Steuerbelastungseffekt**.

Ist die *Ersparnis an Sollzinsen größer als die zusätzliche Steuerbelastung*, kommt es zum Steuerparadoxon. Notwendige Voraussetzung für ein Steuerparadoxon ist, dass es in mindestens einer Periode zu einem steuerlichen Verlust kommt.

4.2 Inflation

Inflation ist ein *Prozess anhaltender Preisniveausteigerung bzw. Geldentwertung*. Bei Inflation hat eine Geldeinheit im Zeitpunkt $t=0$ eine höhere Kaufkraft als zu einem späteren Zeitpunkt. Steigt z. B. der Preisindex für einen Warenkorb innerhalb eines Jahres inflationsbedingt von 100 auf 103, dann sinkt der Marktwert des Euro innerhalb dieses Jahres von 100 % auf $100/103 = 97,1$ %. Der Inflationseffekt kann unter Umständen den Zinseffekt einer Investition kompensieren.

Beispiel: Ein privater Sparer zahlt 1.000,– € auf sein Sparbuch ein. Das Guthaben wird mit nominal 2 % pro Jahr verzinst. Die jährliche Inflationsrate liegt bei 3 %.

Wenn der Sparer nach einem Jahr den angelegten Betrag abhebt, hat sich dieser nominal auf $1.000,– € \cdot 1,02 = 1.020,– €$ erhöht. Aufgrund der Inflation ist der Betrag jedoch real nur noch $1.020,– € / 1,03 = 990,29 €$ wert, d. h. die Kaufkraft des investierten Geldes ist gesunken. Der reale Zins beträgt damit $(990,29 - 1.000) / 1.000 = \mathbf{-0{,}971\,\%}$.

In Zeiten anhaltender Steigerung des Preisniveaus taucht immer wieder die Frage auf, ob und gegebenenfalls wie die Verminderung der Kaufkraft des Geldes in Investitionsrechnungen zu berücksichtigen ist. Die in den vorangegangenen Kapiteln betrachteten Zahlungsreihen und Zinssätze waren nominale Größen.

Beispiel: Bei der Investition A aus dem Beispiel auf S. 20 schätzt der Investor Rückzahlungen von +3.500,– € in einem Jahr und +2.500,– € in zwei Jahren. Diese Beträge beruhen auf seiner Erwartung, der allgemeinen Preisentwicklung folgend in ein bzw. zwei Jahren höhere Absatzpreise durchsetzen zu können als noch heute. Deshalb setzt er die entsprechend höheren Beträge 3.500,– € bzw. 2.500,– € an. Er rechnet also mit nominalen Größen.

Auch der Zinssatz von 7 %, zu dem er einen Kredit aufnehmen könnte, ist nominal. Würde er z. B. 1.000,– € für ein Jahr aufnehmen, müsste er 1.070,– € zurückzahlen. Bei Inflation sind diese 1.070,– € aber in einem Jahr weniger wert, so dass der Investor dann real weniger als 7 % für den Kredit bezahlt.

Formal erfolgt die Berücksichtigung von Inflation in der Kapitalwertmethode durch Ermittlung des **Kapitalwertes bei konstanter Kaufkraft** (realer Kapitalwert, Kaufkraftkapitalwert). Die Berechnung des realen Kapitalwerts würde erfordern:

Investitionsrechnung 49

- die Prognose der *Inflationsrate* p;
- die Prognose der *nominalen Zahlungsreihe* (wie bisher);
- die Transformation der nominalen Zahlungsreihe in eine *reale Zahlungsreihe:* die nominalen Periodenüberschüsse ($E_t - A_t$) werden transformiert in reale Periodenüberschüsse

$$(E_t - A_t) \cdot (1+p)^{-t}; \qquad (53)$$

- und die Ermittlung des *realen Zinssatzes* i^{real} mit

$$1 + i^{real} = \frac{1 + i^{nominal}}{1+p}. \qquad (54)$$

Ersetzt man in der Kapitalwertformel (22) (vgl. S. 20) die nominalen Periodenüberschüsse ($E_t - A_t$) durch (53) und den nominalen Zinsfaktor $q = 1 + i = 1 + i^{nominal}$ durch $1 + i^{real}$ aus (54), dann ergibt sich der reale Kapitalwert C_0^{real}:

$$\begin{aligned} C_0^{real} &= -A_0 + \sum_{t=1}^{n}(E_t - A_t) \cdot (1+p)^{-t} \cdot \left(\frac{1 + i^{nominal}}{1+p}\right)^{-t} \\ &= -A_0 + \sum_{t=1}^{n}(E_t - A_t) \cdot (1 + i^{nominal})^{-t} \qquad (55) \\ &= C_0^{nominal} = C_0 \end{aligned}$$

Der reale Kapitalwert ist damit identisch mit dem Kapitalwert, der sich bei Diskontierung der nominalen Zahlungsreihe mit dem nominalen Zinssatz ergibt: Denn die Abzinsung der realen Zahlungsreihe mit dem realen Zinsfuß hebt letztlich die Inflationsbereinigung wieder auf, da für jedes Element der Zahlungsreihe die gleiche Rechenoperation im Zähler und im Nenner des Bruchs durchgeführt wird.

Beispiel: Für die Investition A ergab sich bei einem Kalkulationszinsfuß von 7 % gemäß (23) ein Kapitalwert von 454,62 € (vgl. S. 21). Dies ist der nominale Kapitalwert. Welche reale Zahlungsreihe und welcher reale Kapitalwert ergeben sich bei einer Inflationsrate von 5 %?

Lösung: Der reale Einzahlungsüberschuss des ersten Jahres beträgt 3.500,- €/(1+0,05) = 3.333,33 €; im zweiten Jahr beträgt er 2.500,- €/(1+0,05)² = 2.267,57 €. Die reale Zahlungsreihe (Zahlungsreihe der Investition A in heutigen Preisen) lautet also:

t = 0	t = 1	t = 2
–5.000	3.333,33	2.267,57

Der reale Zinssatz beträgt gemäß (53):

$$i^{real} = \frac{1 + i^{nominal}}{1+p} - 1 = \frac{1 + 0,07}{1 + 0,05} - 1 = 0,019048 = 1,9048\%. \qquad (56)$$

Der reale Kapitalwert beträgt dann

$$C_0^{real} = -5.000 + 3.333,33 \cdot 1,019048^{-1} + 2.267,57 \cdot 1,019048^{-2} = 454,62 \qquad (57)$$

Der reale Kapitalwert ist mit dem nominalen Kapitalwert identisch.

Die explizite Berücksichtigung der Inflation in der Investitionsrechnung ist bei im Planungszeitraum konstanten Inflationsraten überflüssig. Gilt dies auch noch, wenn die Inflationsraten der einzelnen Perioden variieren? Die Inflation wird dann statt mit der Konstanten p mit den Variablen p_1, p_2,..., p_n für t = 1, 2,..., n abgebildet. Der reale Kapitalwert lautet dann:

$$C_0^{real} = -A_0 + \sum_{t=1}^{n}(E_t - A_t) \cdot (1+p_t)^{-t} \cdot \left(\frac{1+i^{nominal}}{1+p_t}\right)^{-t}$$

$$= -A_0 + \sum_{t=1}^{n}(E_t - A_t) \cdot (1+i^{nominal})^{-t} \qquad (58)$$

$$= C_0^{nominal} = C_0$$

Der reale Kapitalwert ist wiederum mit dem nominalen Kapitalwert identisch. Eine explizite Berücksichtigung der Inflation bei der Berechnung des Kapitalwerts einer Investition ist also nicht nötig.

Investitionsrechnung 51

5 Investitions- und Finanzierungsprogrammplanung

Bislang wurden Investitionsprobleme untersucht, bei denen es um die Frage ging,

- ob eine einzelne Investition im Vergleich zu einer Finanzanlage zum Kalkulationszinsfuß vorteilhaft ist und
- welche von mehreren sich ausschließenden Investitionsalternativen die vorteilhafteste ist.

Die wesentlichen Merkmale dieser Analysen waren:

- Die einzelnen Investitionen schließen sich gegenseitig aus. Die Investitionsrechnung wird grundsätzlich für jede Investition isoliert durchgeführt.
- Aufgrund der Prämisse des vollkommenen Kapitalmarkts ist Kapital unbegrenzt verfügbar.

Nun geht es um die Auswahl aus einer Anzahl möglicher Investitionen, die sich nicht gegenseitig ausschließen. Die Prämisse des vollkommenen Kapitalmarkts wird hierzu aufgehoben. Bei **unvollkommenem Kapitalmarkt** steht das Kapital nicht mehr unbegrenzt zur Verfügung: Kapital ist knapp. Zwei Formen von Kapitalknappheit sind zu unterscheiden:

- **Absolute Kapitalknappheit** (Abschnitt 5.1) liegt vor, wenn z.B. in einem Unternehmen ein bestimmter Investitionsbetrag (Budget) fest vorgegeben ist. Sollen mehr Investitionen realisiert werden als finanziert werden können, dann konkurrieren diese Investitionen um das knappe Kapital.
- **Relative Kapitalknappheit** (Abschnitt 5.2) ist gegeben, wenn das Unternehmen zwar unbeschränkt Kapital aufnehmen kann, dies aber mit steigenden Zinsen verbunden ist. Gefragt wird dann, ob eine Investition auch bei steigenden Finanzierungskosten noch vorteilhaft ist.

5.1 Investitionsprogramm bei absoluter Budgetgrenze

Bei **absoluter Kapitalknappheit** kann das optimale Investitionsprogramm schrittweise mit dem **Rangordnungsverfahren** ermittelt werden:

1. Man berechnet die Kapitalwerte aller zur Verfügung stehenden Investitionsalternativen. Investitionen mit negativem Kapitalwert werden eliminiert.
2. Für die Investitionen mit positivem Kapitalwert wird die **Kapitalwertrate** (Profitability Index) w als *Quotient aus Kapitalwert und Anschaffungsauszahlung* gebildet.

$$w = \frac{C_0}{A_0} \qquad (59)$$

Die Kapitalwertrate stellt eine Rentabilitätskennziffer dar, die vor allem in der amerikanischen Literatur als Rangordnungskriterium für Investitionen herangezogen wird.

3. Die Investitionen werden nach der Höhe ihrer Kapitalwertrate (möglich ist auch die Rangfolgebildung nach der Höhe des internen Zinsfußes) geordnet und der Rangfolge nach in das Investitionsprogramm aufgenommen, bis das beschränkte Budget die Aufnahme der nächsten Investition nicht mehr zulässt.

4. Falls das Budget noch nicht voll ausgeschöpft ist, muss geprüft werden, ob der verbleibende Finanzspielraum für eine der weniger lohnenden Investitionen ausreicht. Unter Umständen kann es aber auch vorteilhaft sein, schon ins Programm aufgenommene Investitionen wieder herauszunehmen, um mit den frei werdenden Mitteln und dem Budgetrest Investitionen zu finanzieren, die auf der Prioritätenskala niedriger stehen.

Beispiel: In einem Unternehmen ist ein Investitionsbudget von 200.000,– € fest vorgegeben. Es gibt insgesamt vier Investitionen, über deren Aufnahme in das Investitionsprogramm diskutiert wird. Der Kalkulationszinsfuß beträgt 7 %.

	t=0	t=1	t=2	t=3	C_0	C_0/A_0
Investition A	−100.000	−40.000	60.000	140.000	29.305	0,29
Investition B	−85.000	30.000	30.000	62.000	19.851	0,23
Investition C	−70.000	35.000	60.000		15.117	0,22
Investition D	−30.000	15.000	25.000		5.855	0,20

Lösung: Bei einem vorgegebenen Budget von 200.000,– € wird zuerst Investition A mit der höchsten Kapitalwertrate und dann Investition B ausgewählt. Der verbleibende Betrag von 15.000,– € reicht nicht mehr für die Finanzierung einer weiteren Investition aus. Vorteilhafter ist, statt Investition B die Investitionen C und D ins Programm aufzunehmen:

$$C_0^A + C_0^C + C_0^D = 29.305 + 15.117 + 5.855 = 50.277 \tag{60}$$

ist größer als

$$C_0^A + C_0^B = 29.305 + 19.851 = 49.156 \tag{61}$$

Alternativ zum geschilderten Rangordnungsverfahren kann auch das **Kombinatorische Verfahren** angewendet werden. Es bietet den Vorteil, dass direkt die Vorteilhaftigkeit von Investitionskombinationen geprüft wird:

1. Aus den Investitionen mit positivem Kapitalwert werden alle möglichen Kombinationen gebildet.

2. Die Kombinationen, die das Investitionsbudget überschreiten, werden eliminiert.

3. Aus den verbliebenen Kombinationen wird die mit dem höchsten Kapitalwert ausgesucht.

Bei diesem Verfahren kann unter Umständen der Rechenaufwand erheblich sein, da mit steigender Anzahl der Investitionen die Anzahl der möglichen Kombinationen drastisch steigt (sog. *Kombinatorische Explosion*).

Investitionsrechnung 53

5.2 Simultane Investitions- und Finanzplanung

Bei **relativer Kapitalknappheit** kann die Entscheidung über die Vorteilhaftigkeit von Investitionen nicht mehr isoliert getroffen werden: Investitions- und Finanzierungsmaßnahmen müssen simultan geplant werden.

Das DEAN-Modell ist ein Modell, mit dem das **Investitions- und Finanzprogramm** eines Unternehmens simultan geplant werden kann. Das DEAN-Modell ist zunächst als *Einperiodenmodell* konzipiert worden (Abschnitt 5.2.1); DEAN selbst hat jedoch vorgeschlagen, bei mehrperiodigen Investitionen in gleicher Weise wie beim Einperiodenfall vorzugehen (Abschnitt 5.2.2).

5.2.1 Einperiodenfall

Dem **DEAN-Modell** liegen folgende Annahmen zugrunde:

- Alle Investitions- und Finanzierungsobjekte haben eine einperiodige Laufzeit. Die Investitionen verursachen in $t=0$ Auszahlungen und in $t=1$ Einzahlungen, bei den Finanzierungsobjekten ist es umgekehrt.
- Die Investitionen sind unabhängig voneinander, d.h. es gibt keine Investitionen, die sich z.B. aus technischen Gründen gegenseitig ausschließen.
- Die Finanzierungsobjekte sind unabhängig voneinander, d.h. die Konditionen der Kredite sind nicht davon abhängig, welche Kredite ansonsten gewährt werden.
- Die Investitionen und die Finanzierungsmittel sind unabhängig voneinander, d.h. Sonderkonditionen für die Kreditgewährung bei einzelnen Investitionen bleiben unberücksichtigt.
- Es gibt keine Eigenmittel zur Finanzierung.
- Finanzierungsobjekte sind beliebig teilbar.

Das DEAN-Modell ist ein **Rangordnungsverfahren**. Als Ordnungskriterium werden der interne Zinsfuß der Investitionen und die Kapitalkosten der Finanzierungsobjekte verwendet. Dabei ist in vier Schritten vorzugehen:

1. Für jede Investition wird der interne Zinsfuß bestimmt. Gleichung (30) auf S. 24 vereinfacht sich bei einperiodigen Investitionen zu:

$$-A_0 + R_1 \cdot (1+r)^{-1} = 0 \quad \Leftrightarrow \quad A_0 \cdot (1+r) = R_1 \quad \Leftrightarrow \quad r = \frac{R_1}{A_0} - 1 \quad (62)$$

Aufgrund der gesetzten Prämissen existiert immer ein eindeutiger interner Zinsfuß.

2. Nachdem die internen Zinsfüße für alle Investitionen berechnet wurden, ermittelt man die Prioritätenliste, die alle Investitionen nach der Höhe ihres internen Zinsfußes ordnet. An erster Stelle steht dabei das Vorhaben mit dem höchsten internen Zinsfuß.

Die Prioritätenliste der Investitionen ergibt grafisch die **Kapitalnachfragefunktion**.

3. Die Finanzierungsobjekte werden nach der Höhe ihrer Kapitalkosten geordnet, wobei das Objekt mit den niedrigsten Kapitalkosten an erster Stelle steht.

Die Prioritätenliste der Finanzierungsobjekte ergibt grafisch die **Kapitalangebotsfunktion**.

4. Aus den beiden Prioritätenlisten wird das optimale Investitions- und Finanzierungsprogramm abgeleitet, indem schrittweise solange Objekte in das Programm aufgenommen werden, bis die Verzinsung der letzten investierten Geldeinheit (interner Zinsfuß) genau der Verzinsung der letzten aufgenommenen Geldeinheit entspricht (Kapitalkosten).

Grafisch lässt sich dieses Optimum durch den **Schnittpunkt von Kapitalangebots- und Kapitalnachfragefunktion** bestimmen.

Beispiel: Der Geschäftsführung eines Beratungsunternehmens werden von den Bereichsleitern folgende sichere einperiodige Investitionen vorgeschlagen:

I_1: Kauf eines Farbkopiergeräts zu einem Anschaffungspreis von 20.000,- €. Da die Kopieraufträge nicht mehr nach außen vergeben werden müssen, lassen sich im folgenden Jahr 24.000,- € einsparen.

I_2: Beauftragung einer Studentengruppe mit einer Forschungsarbeit. Die Forschungsergebnisse können in einem Jahr im Rahmen eines Gutachtens verwertet werden. Das Honorar für die Studenten beträgt 20.000,- €. Es wird mit Mehreinzahlungen aufgrund der Forschungsergebnisse von 25.000,- € gerechnet.

I_3: Kauf von 40 Notebooks zum Preis von 40.000,- €, wodurch Leasingraten für 40 geleaste Notebooks in Höhe von 25.000,- € eingespart werden können. Es wird mit einem Restverkaufserlös von 18.000,- € am Ende des folgenden Jahres gerechnet.

Es stehen folgende Finanzierungsmittel zur Verfügung:

F_1: Hypothek der Hausbank von 20.000,- € mit einer Verzinsung von 15 %.

F_2: Inanspruchnahme eines Kontokorrentkredits von 40.000,- € zu einem Zins von 18 %.

F_3: Darlehen eines Geschäftsfreundes über 30.000,- € zu 10 %.

Lösung:

1. Schritt. Ermittlung der internen Zinsfüße der drei Investitionen gemäß (62):

	t = 0	t = 1	Interner Zinsfuß
I_1	20.000	24.000	20 %
I_2	20.000	25.000	25 %
I_3	40.000	43.000	7,5 %

2. und 3. Schritt. Grafische Darstellung der Kapitalnachfrage- und Kapitalangebotsfunktion (Abbildung 8).

4. Schritt. In das optimale Investitions- und Finanzierungsprogramm werden alle links vom Schnittpunkt der Kapitalangebots- mit der Kapitalnachfragefunktion liegenden Investitions- und Finanzierungsobjekte aufgenommen. Dies sind die Investitionen I_2 und I_1 sowie die Finanzierungsobjekte F_3 und F_1. Investition I_3, dessen interner Zinsfuß unter den Finanzierungskosten liegt, wird nicht in das Investitionsprogramm aufgenommen.

Investitionsrechnung 55

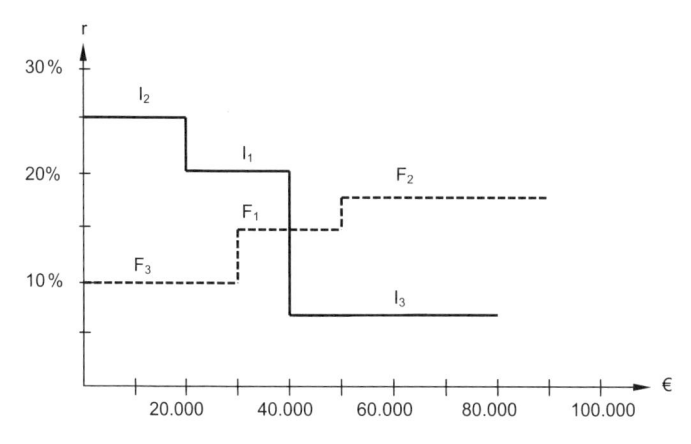

Abbildung 8. Kapitalangebots- und -nachfragefunktion für F_1, F_2, F_3 sowie I_1, I_2, I_3

Aus den Koordinaten des Schnittpunkts von Kapitalangebots- und Kapitalnachfragefunktion lassen sich cut-off-point und cut-off-rate ablesen:

- Der **cut-off-point** gibt das im Investitionsprogramm insgesamt gebundene Kapital an; im Beispiel sind dies 40.000,– €.
- Die **cut-off-rate** beträgt im Beispiel 15 %. Sie ist dadurch charakterisiert, dass sie
  - nicht größer ist als der interne Zinsfuß aller im optimalen Investitions- und Finanzierungsprogramm aufgenommenen Investitionen und
  - nicht kleiner ist als die Kapitalkosten aller im Optimum berücksichtigten Finanzierungsmaßnahmen.

Die cut-off-rate wird auch als **endogener Kalkulationszinsfuß** bezeichnet. Berechnet man die Kapitalwerte aller zur Wahl stehenden Investitions- und Finanzierungsobjekte auf Basis des endogenen Kalkulationszinsfußes, so stellt man fest, dass alle ins Programm aufgenommenen Investitionen und Finanzierungen einen nicht-negativen Kapitalwert und alle abgelehnten Objekte einen negativen Kapitalwert aufweisen. Wäre der endogene Kalkulationszinsfuß bereits vor der Lösung des Entscheidungsproblems bekannt, so könnte man das optimale Investitions- und Finanzierungsprogramm auch mit der Kapitalwertmethode bestimmen.

5.2.2 Mehrperiodenfall

Die Annahme nur einperiodiger Investitionen ist unrealistisch. Laut DEAN ist es aber möglich, auch im Mehrperiodenfall mit dem gleichen Vorgehen das optimale Investitions- und Finanzierungsprogramm zu ermitteln. Dagegen sprechen jedoch schwerwiegende Nachteile:

- Für Objekte mit mehrjähriger Nutzungsdauer existieren unter Umständen mehrere oder aber gar kein interner Zinsfuß. Eine eindeutige Prioritätenliste kann daher auf der Basis des internen Zinsfußes nicht in jedem Fall festgelegt werden.
- Es wird nur die Liquidität im Zeitpunkt der Anschaffung der Investitionsobjekte betrachtet. Später möglicherweise auftretende Liquiditätsengpässe bleiben unberücksichtigt.
- Das von DEAN empfohlene Vorgehen führt nur zufällig zur optimalen Entscheidung, selbst wenn nur Projekte mit eindeutigem internen Zinsfuß und Programme mit auch künftig gesicherter Liquidität betrachtet werden.

Beispiel: Den Investitionsalternativen A und B stehen die Finanzierungsmöglichkeiten X und Y gegenüber.

	t=0	t=1	t=2	Interner Zinsfuß
Investition A	−12.000	11.000	5.000	25%
Investition B	−10.000	1.000	11.000	10%

Über das Finanzierungsobjekt X können 12.000,− € zu 5% Zinsen aufgenommen werden. Darüber hinausgehender Kapitalbedarf kann mit dem Finanzierungsobjekt Y zu 12% Zinsen gedeckt werden.

Lösung:

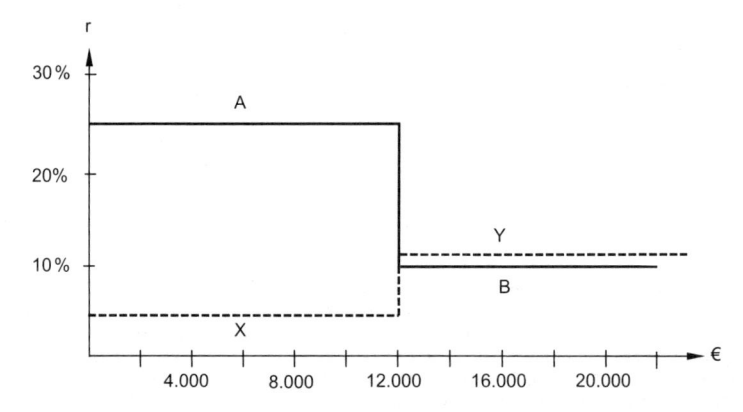

Abbildung 9. Kapitalangebots- und -nachfragefunktion für A, B, X und Y

Gemäß der Schnittpunktlösung sollte nur die Investition A mit der Finanzierungsmöglichkeit X realisiert werden. Zur Überprüfung dieser Lösung werden jeweils für das Investitionsprogramm „Realisierung von A" und „Realisierung von A und B" vollständige Finanzpläne aufgestellt.

Investitionsrechnung

	Realisierung von A			Realisierung von A und B		
Zeitpunkt	t=0	t=1	t=2	t=0	t=1	t=2
Zahlungsstrom	−12.000	11.000	5.000	−22.000	12.000	16.000
Geldanlage − Anlage + Auflösung + Guthabenzinsen			3.320			3.610
Finanzierungsobjekt X + Aufnahme − Tilgung − Kreditzinsen (5 %)	12.000	10.400 600	1.600 80	12.000	200 600	11.800 590
Finanzierungsobjekt Y + Aufnahme − Tilgung − Kreditzinsen (12 %)				10.000	10.000 1.200	
Finanzierungssaldo	0	0	0	0	0	0
Bestandsgrößen Kreditstand X Kreditstand Y Guthabenstand	12.000	1.600	3.320	12.000 10.000	11.800	3.610
Bestandssaldo	−12.000	−1.600	3.320	−22.000	−11.800	3.610

Erklärung: Den vollständigen Finanzierungsplänen ist zu entnehmen, dass es vorteilhaft ist, sowohl Investition A als auch Investition B zu realisieren. Die mit dem DEAN-Modell ermittelte Schnittpunktlösung ist also falsch. Die Schnittpunktlösung führt zum falschen Ergebnis, weil dort nicht berücksichtigt wird, dass die Finanzierungskosten in Höhe von 12 % nur in der ersten Periode anfallen. Da der teurere Kredit bereits am Ende der ersten Periode vollständig getilgt werden kann, sinken die Kapitalkosten in der zweiten Periode auf 5 %.

Mit dem DEAN-Modell können nur für den unrealistischen Einperiodenfall optimale Lösungen für das Investitions- und Finanzierungsprogramm eines Unternehmens entwickelt werden. Für die realistischeren Fälle mit einer mehrperiodigen Laufzeit ist die Schnittpunktlösung ungeeignet.

In den 50er und 60er Jahren wurden u. a. von ALBACH und HAX auf der Basis der **Linearen Programmierung** Modelle entwickelt, welche die praktische Entscheidungssituation besser abbilden und die Generierung optimaler Lösungen ermöglichen. Der methodische Aufwand dieser Modelle ist jedoch so groß, dass sie sich in der Praxis bislang nicht durchsetzen konnten.

6 Unvollkommener Kapitalmarkt

Eine der wesentlichen Annahmen der Kapitalwertmethode ist die Existenz eines vollkommenen Kapitalmarkts (vgl. S. 18). Kredit- und Guthabenzins sind identisch; die Höhe des Kalkulationszinsfußes wird als bekannt vorausgesetzt, da der Investor über vollkommene Informationen verfügt. In der Realität gilt die Annahme eines identischen Kredit- und Guthabenzinses meist nicht.

Die Vermögensendwert- und die Sollzinssatzmethode sind zwei dynamische Endwertverfahren, bei denen die Annahme eines einheitlichen Kalkulationszinsfußes aufgehoben wird. Stattdessen sind Kredit- und Guthabenzins unterschiedlich (**gespaltener Kalkulationszinsfuß**).

6.1 Vermögensendwertmethode

Bei der **Vermögensendwertmethode** wird unterstellt, dass Einzahlungs- und Auszahlungsüberschüsse zunächst getrennt auf einem positiven Vermögenskonto C^+ und einem negativen Vermögenskonto C^- erfasst werden. Während des gesamten Planungszeitraums wird das positive Vermögenskonto mit dem Guthabenzinssatz i und das negative Vermögenskonto mit dem Kreditzinssatz k verzinst. Zur Ermittlung des Endwerts (Vermögensendwerts) C_n wird das negative Vermögenskonto vom positiven Vermögenskonto subtrahiert:

$$C_n = C_n^+ - C_n^- = \sum_{t=1}^{n} E_t \cdot (1+i)^{n-t} - \sum_{t=0}^{n} A_t \cdot (1+k)^{n-t} \tag{63}$$

6.2 Sollzinssatzmethode

Die **Sollzinssatzmethode** ermittelt einen **kritischen Sollzinssatz** r, bei dem sich gerade ein Endwert von Null ergibt.

$$C_n = C_n^+ - C_n^- \stackrel{!}{=} 0 \tag{64}$$

Bei gegebenem Guthabenzins stellt der Sollzinssatz (Kreditzinssatz) die Verzinsung dar, die sich auf das gebundene Kapital erzielen lässt. Der Sollzinssatz wird als der kritische Zinssatz für die Kapitalbeschaffung interpretiert. Die Ermittlung des Sollzinssatzes erfolgt analog zur Methode des internen Zinsfußes durch Einsetzen von Versuchszinssätzen oder durch lineare Interpolation (vgl. S. 25).

7 Entscheidungen bei Unsicherheit

Investitionsentscheidungen beruhen im Allgemeinen nicht, wie bislang unterstellt, auf sicheren Daten, sondern auf Daten, die mit **Unsicherheit** behaftet sind. Auch bei unsicheren Daten müssen jedoch Investitionsrechnungen ein Ergebnis liefern, auf dessen Grundlage Investitionsentscheidungen rational getroffen werden können.

Das Problem der Investitionsentscheidungen unter Unsicherheit wird in der Literatur intensiv diskutiert. Im Folgenden werden das Korrekturverfahren sowie die Sensitivitätsanalyse vorgestellt.

7.1 Korrekturverfahren

Eine einfache Möglichkeit ist, bei unsicheren Daten die Eingangsgrößen durch pauschale *Risikozuschläge* bzw. *Risikoabschläge* zu korrigieren **(Korrekturverfahren)**.

Beispiel: Bei der Kapitalwertmethode werden die geschätzten Einzahlungen um einen Risikoabschlag vermindert, die geschätzten Auszahlungen um einen Risikozuschlag erhöht, der Kalkulationszinsfuß erhöht oder die voraussichtliche Nutzungsdauer verkürzt. Mit den korrigierten Daten wird dann der Kapitalwert errechnet. Die Investitionen, die auch mit den korrigierten Eingangsgrößen einen positiven Kapitalwert haben, gelten als vorteilhaft.

Beurteilung des Korrekturverfahrens:

- Die unsicheren Einflussfaktoren werden nicht analysiert.
- Die Höhe der Risikozu- und -abschläge wird willkürlich festgelegt.
- Der Ansatz der Unsicherheit erfolgt zum Teil bei solchen Größen, die möglicherweise gar nicht unsicher sind. **Beispiele:** Zinssatz, Nutzungsdauer.
- Durch die Korrektur mehrerer Einflussgrößen ergibt sich ein nicht mehr überschaubarer Kumulationseffekt: Die Investitionen werden „totgerechnet".
- Die mit den korrigierten Daten ermittelten Kapitalwerte sind kaum sinnvoll zu interpretieren.
- Das Korrekturverfahren eignet sich nur als Faustregel für die Praxis.

7.2 Sensitivitätsanalyse

Eine andere Möglichkeit ist, zu untersuchen, ob eine Investitionsentscheidung bei bestimmten Datenänderungen stabil bleibt. Die **Sensitivitätsanalyse** (Methode der kritischen Werte) untersucht, wie weit eine Eingangsgröße von ihrem ursprünglichen Wert abweichen darf, ohne dass sich das Ergebnis ändert. Typische Fragestellung ist z. B., wie hoch die Absatzmenge oder der Absatzpreis eines Produktes mindestens sein muss, damit sich für eine Investition ein positiver Kapitalwert ergibt.

1. Ermittlung der **kritischen Absatzmenge**

Beispiel: Die Anschaffung einer Maschine führt zu Auszahlungen von 750.000,– €. Die Nutzungsdauer beträgt drei Jahre. Die jährlichen fixen Betriebsauszahlungen F betragen 30.000,– €. Es fallen variable Auszahlungen v je produzierter Mengeneinheit in Höhe von 25,– € an. Der Absatzpreis beträgt 40,– €. Diese Daten sind bis auf die Absatzmenge x sicher. Der Kalkulationszinsfuß beträgt 7 %. Welche Absatzmenge muss mindestens erreicht werden, damit die Investition lohnt?

Lösung: Zur Ermittlung der kritischen Absatzmenge $x_{krit.}$ wird die Kapitalwertformel gleich null gesetzt. Da die Ein- und Auszahlungen während der Nutzungsdauer in jährlich gleicher Höhe anfallen, kann die vereinfachte Kapitalwertformel (25) verwendet werden (vgl. S. 21). Des Weiteren sei an Gleichung (41) erinnert, nach welcher der Wiedergewinnungsfaktor WGF der Kehrwert des Rentenbarwertfaktor RBF ist (vgl. S. 28).

$$0 = -A_0 + [x_{krit.} \cdot (p-v) - F] \cdot RBF$$

$$-x_{krit.} \cdot (p-v) \cdot RBF = -A_0 - F \cdot RBF$$

$$x_{krit.} = \frac{A_0 + F \cdot RBF}{(p-v) \cdot RBF}$$

$$x_{krit.} = \frac{A_0 \cdot WGF + F}{p-v} \quad (65)$$

$$= \frac{750.000 \cdot \frac{1,07^3 \cdot 0,07}{1,07^3 - 1} + 30.000}{40 - 25}$$

$$x_{krit.} = 21.053$$

Die Investition ist ceteris paribus (d. h. bei sonst gleichen Bedingungen) nur dann vorteilhaft, wenn jährlich mindestens 21.053 Mengeneinheiten abgesetzt werden können.

2. Ermittlung des **kritischen Absatzpreises**

Beispiel: Im Unterschied zum letzten Beispiel ist nun die Absatzmenge von 150.000 Stück bekannt. Welcher Absatzpreis muss sich mindestens durchsetzen lassen, damit die Investition lohnt?

Lösung: Gleichung (65) wird nach p umgestellt. So ergibt sich der kritische Verkaufspreis $p_{krit.}$ mit:

$$p_{krit.} = \frac{A_0 \cdot WGF + F}{x} + v$$

$$= \frac{750.000 \cdot \frac{1,07^3 \cdot 0,07}{1,07^3 - 1} + 30.000}{150.000} + 25 \qquad (66)$$

$$p_{krit.} = 27,11$$

Der kritische Absatzpreis beträgt 27,11 €. Hält der Investor ceteris paribus einen Preis von z. B. 30,– € je Mengeneinheit für durchsetzbar, dann sollte er die Investition realisieren.

Beurteilung der Sensitivitätsanalyse:

- Die Analyse bezieht sich nur jeweils auf eine Größe. Die anderen Größen, die möglicherweise auch unsicher sind, werden konstant gesetzt. Diese Annahme schränkt die praktische Anwendbarkeit erheblich ein.

- Eine Lösung des Unsicherheitsproblems bietet die Sensitivitätsanalyse nicht. Sie liefert aber Informationen über die unsicheren Größen.

8 Übungsaufgaben

8.1 Aufgaben

1. Ist der Kauf eines Autos durch eine Privatperson eine Investition?

2. Der Vorstand eines großen Chemiekonzerns weiß, dass der Einbau eines unternehmensinternen Abwasserklärsystems dem Ansehen in der Öffentlichkeit zugute kommt. Kann dieser Effekt in der Investitionsrechnung für die Abwasserkläranlage berücksichtigt werden?

3. Für eine Investition mit Anschaffungskosten von 10.000,– € kann am Ende seiner achtjährigen Nutzungsdauer ein Liquidationserlös von 4.000,– € erzielt werden. Die Rückflüsse aus der Investition erfolgen jeweils am Periodenende. Wie hoch ist das durchschnittlich in der Investition gebundene Kapital?

4. In der Immobilienbranche wird nach einer einfachen Faustregel der Kauf einer Immobilie dann als vorteilhaft bezeichnet, wenn ihre Amortisationsdauer zwischen 12 und 15 Jahren beträgt. Welche Eingangsdaten muss eine Projektentwicklerin schätzen, um die Amortisationsdauer ermitteln zu können?

5. Wie wirkt es sich auf die Höhe der Rentabilität einer Investition aus, ob die Gewinne mit oder ohne Abzug der kalkulatorischen Zinsen angesetzt werden?

6. Was unterscheidet die Kumulationsmethode zur Bestimmung der Amortisationsdauer von den anderen statischen Verfahren der Investitionsrechnung?

7. Ein Student erhält von seinem Bruder das Angebot, sich seinen Erbanteil am Elternhaus auszahlen zu lassen. Der Bruder bietet ihm eine Sofortzahlung in Höhe von 200.000,– € an. Der Student rechnet damit, dass der Erbfall in zehn Jahren eintritt. Das Haus wird dann voraussichtlich einen Kaufpreis von 800.000,– € erzielen, von welchem dem Student die Hälfte zusteht. Der Zinsfuß am Kapitalmarkt beträgt 7 %. Soll der Student das Angebot seines Bruders annehmen?

8. Wie lauten die wesentlichen Annahmen des vollkommenen Kapitalmarkts?

9. Warum wird der Kalkulationszinsfuß als gewünschte Mindestverzinsung des Investors bezeichnet?

10. Eine Beamtin erhält zu ihrem 65. Lebensjahr aus einer Lebensversicherung 150.000,– € ausgezahlt. Von ihrer Bank erhält sie das Angebot, den Betrag so anzulegen, dass sie monatlich eine Rente von 1.000,– € erhält. Die Beamtin rechnet damit, 85 Jahre alt zu werden. Der Kalkulationszinsfuß beträgt 7 %. Soll sie das Angebot der Bank annehmen?

11. Warum sinkt mit steigendem Kalkulationszinsfuß i. d. R. der Kapitalwert einer Investition?

12. Für eine Investition wird ein interner Zinsfuß von 8 % ermittelt. Soll sie durchgeführt werden?

13. Wie lauten die impliziten Prämissen der Kapitalwertmethode, der Methode des internen Zinsfußes und der Annuitätenmethode?

14. In der Literatur wird teilweise behauptet, dass die Kapitalwert- und die Annuitätenmethode bei Auswahlentscheidungen immer zum gleichen Ergebnis führen. Ist die Behauptung richtig?

15. Worin unterscheiden sich die Fragestellungen nach der optimalen Nutzungsdauer und dem optimalen Ersatzzeitpunkt einer Investition?

16. Warum ist die Nutzungsdauer einer Investition kürzer, wenn sie als Glied einer Investitionskette betrachtet wird?

17. Der Staat fördert bestimmte Investitionen durch Sonderabschreibungen. Lassen sie sich in die Investitionsrechnung einbeziehen? Mit welchen Konsequenzen?

18. In der Investitionsrechnung mit Berücksichtigung von Gewinnsteuern wird als Prämisse unterstellt, dass Verluste in der gleichen Periode zu Steuererstattungen führen. In der Realität werden bei Verlusten keine Steuern zurückgezahlt. Wie lässt sich die Prämisse trotzdem rechtfertigen?

19. Worin besteht der gravierende Fehler des Zinsmodells?

20. Was versteht man unter einem Steuerparadoxon? Was sind dessen Ursachen?

21. Müssen Inflationseffekte in der Investitionsrechnung (z. B. Kapitalwertmethode) berücksichtigt werden?

22. Sind die Annahmen des DEAN-Modells realistisch?

23. Führt das DEAN-Modell auch im Mehrperiodenfall stets zu einem optimalen Investitions- und Finanzierungsprogramm?

24. Welches Charakteristikum unterscheidet die Vermögensendwert- und die Sollzinssatzmethode von der Kapitalwertmethode?

25. Ein Bäcker möchte sich speziell zum Backen von Brötchen einen neuen Ofen zulegen. Da er sich über die Absatzmenge im Unklaren ist, kann er keinen exakten Zahlungsstrom prognostizieren. Wie kann er trotzdem mit Hilfe von objektivierbaren Kriterien seine Entscheidung absichern?

8.2 Lösungen

1. Beim Kauf eines Autos wird Kapital in Vermögen umgewandelt. Nach dem vermögensorientierten Investitionsbegriff (vgl. S. 5) ist er also eine Investition. Der zahlungsstromorientierte Investitionsbegriff setzt voraus, dass mit der Absicht gekauft wird, zukünftig Einzahlungen zu erzielen. Dies ist bei einer Privatperson im Allgemeinen nicht der Fall. Berücksichtigt man jedoch, dass mit dem PKW zukünftig Auszahlungen für andere Verkehrsmittel wegfallen, dann ist der Autokauf auch im zahlungsstromorientierten Sinne eine Investition.

2. Die Verbesserung des Ansehens in der Öffentlichkeit ist ein nicht-monetäres Ziel, das nicht direkt in der Investitionsrechnung berücksichtigt werden kann. Schlägt sich das verbesserte Ansehen in steigenden Umsatzerlösen nieder, dann können diese in die Investitionsrechnung einfließen.

3. Gemäß Gleichung (7) beträgt das durchschnittlich gebundene Kapital 7.375 € (vgl. S. 10):

$$\frac{10.000 - 4.000}{2} + \frac{10.000 - 4.000}{2 \cdot 8} + 4.000 = 7.375$$

4. Die Amortisationsdauer wird durch die Division der Anschaffungskosten durch die durchschnittlichen Rückflüsse pro Jahr ermittelt. Als Eingangsgrößen für die Beurteilung einer Immobilie werden neben den Anschaffungskosten (Grundstückskosten, Erschließungskosten, Baukosten) die jährlichen Mieteinnahmen und die laufenden Betriebsauszahlungen geschätzt (vgl. Abschnitt 2.1.4 auf S. 16 ff.)

5. Die Rentabilitätskennziffer, die mit dem Gewinn nach kalkulatorischen Zinsen ermittelt wird, gibt nur die über den kalkulatorischen Zins hinausgehende Verzinsung an. Sie ist daher geringer als die Rentabilitätskennziffer, die mit dem Gewinn vor kalkulatorischen Zinsen berechnet wird (vgl. S. 15).

6. Die Kumulationsmethode (vgl. S. 17) rechnet mit Einzahlungsüberschüssen statt mit periodisierten Erfolgsgrößen. Statt einer fiktiven Durchschnittsperiode wird die gesamte Nutzungsdauer betrachtet. Die Kumulationsmethode ist eine mehrperiodige Betrachtung.

7. Lässt der Student sich den Betrag von 200.000,- € auszahlen und legt diesen zum Zinsfuß von 7 % an, so beträgt sein Vermögen in zehn Jahren $200.000{,}- € \cdot 1{,}07^{10} = 393.430{,}27$ €. Verzichtet er auf die Auszahlung, so stehen ihm im Erbfall 400.000,- € zu. Der Student sollte das Angebot seines Bruders ablehnen (zum Aufzinsungsfaktor vgl. Gleichung (18) auf S. 19).

8. Kapital als homogenes Gut, einheitlicher Marktzins, unbegrenzte Kapitalaufnahme und -anlage, vollständige Markttransparenz (vgl. S. 18).

9. Der Investor kann sein Kapital zum Kalkulationszinsfuß am Kapitalmarkt anlegen. Die Sachinvestition muss mindestens diese Rendite einbringen, damit sie sich lohnt. Deshalb entspricht der Kalkulationszinsfuß der gewünschten Mindestverzinsung (vgl. Abschnitt 2.2.1 auf S. 20 ff.).

Investitionsrechnung 65

10. Die Rente wird monatlich ausgezahlt. Der Kalkulationszinsfuß von 7% pro Jahr entspricht einem Kalkulationszinsfuß von $^7/_{12}$% pro Monat. Da die Rente 20 Jahre lang monatlich gezahlt wird, gibt es insgesamt 240 Perioden. Der Kapitalwert der Investition beträgt damit gemäß Gleichung (25) auf S. 21:

$$C_0 = -150.000 + 1.000 \cdot \frac{\left(1+\frac{0,07}{12}\right)^{20 \cdot 12} - 1}{\left(1+\frac{0,07}{12}\right)^{20 \cdot 12} \cdot \frac{0,07}{12}} = -21.017,49$$

Obwohl die Beamtin für die einzuzahlenden 150.000,– € bei einer 20jährigen monatlichen Rente über 1.000,– € insgesamt 240.000,– € zurückerhalten würde, ist der Kapitalwert negativ. Sie sollte das Angebot der Bank deshalb nicht annehmen.

11. Die Kapitalwertmethode überprüft die Vorteilhaftigkeit einer Investition, indem sie deren Verzinsung mit der Verzinsung der Alternativanlage am Kapitalmarkt vergleicht. Je höher der Kalkulationszinsfuß, desto höher ist die Verzinsung der Alternativanlage und desto schlechter ist die Verzinsung der Investition im Verhältnis zur Alternativanlage.

12. Der interne Zinsfuß allein ist noch kein aussagefähiges Entscheidungskriterium. Erst der Vergleich mit dem Kalkulationszinsfuß macht eine Aussage zur Vorteilhaftigkeit möglich. Bei einem Kalkulationszinsfuß von 7% z. B. ist die Investition vorteilhaft, bei 10% ist sie es nicht.

13. Die impliziten Prämissen lauten: Wiederanlage zum Kalkulationszinsfuß (Kapitalwertmethode), Wiederanlage zum internen Zinsfuß (Methode des internen Zinsfußes) bzw. identische Reinvestition (Annuitätenmethode). Vgl. S. 32.

14. Nein. Bei einer Auswahlentscheidung zwischen Investitionen mit unterschiedlich langer Laufzeit kann die Annuitätenmethode aufgrund der Prämisse der identischen Reinvestition zu einem anderen Ergebnis führen als die Kapitalwertmethode (vgl. S. 30 f.).

15. Die Bestimmung der optimalen Nutzungsdauer ist eine ex ante-Optimierung vor der Inbetriebnahme einer Investition. Während der Nutzungsdauer einer Investition können Datenänderungen eine Überprüfung der Nutzungsdauer notwendig machen. Die Bestimmung des optimalen Ersatzzeitpunkts ist eine ex post-Optimierung.

16. Die Verlängerung der Nutzungsdauer um eine Periode führt bei einer Einzelinvestition nur dann zu einem höheren Kapitalwert, wenn die Einzahlungsüberschüsse dieser Periode die Verminderung des Liquidationserlöses und die Verzinsung des entgangenen Liquidationserlöses decken. Ist eine Investition Glied einer Kette, dann müssen die Einzahlungsüberschüsse zusätzlich die Verzinsung des Kapitalwerts der Folgeinvestitionen erwirtschaften.

17. Sonderabschreibungen, d. h. erhöhte Abschreibungen am Anfang der Nutzungsdauer einer Investition, lassen sich in die Investitionsrechnung einbeziehen. Im Standardmodell der Investitionsrechnung mit Gewinnsteuern (vgl. S. 44 f.) erhöht sich durch Sonderabschreibungen die Größe AfA$_t$ in den ersten Jahren. Damit reduzieren sie in den ersten Jahren die Steuerschuld. Allerdings kann durch die anfänglich hohen Abschreibungen in späteren Jahren nur entsprechend weniger abgeschrieben werden. Die Folge sind höhere Gewinnsteuern in den späteren Jahren. Sonderabschreibungen verteilen also die Steuerlast auf spätere Jahre um. Der daraus resultierende Zinsvorteil kann bewirken, dass aus einer unvorteilhaften Investition eine vorteilhafte wird.

18. Angenommen, eine Investition hat aufgrund von Verlusten in der Anfangsphase eine negative Steuerbemessungsgrundlage. Ist die Steuerbemessungsgrundlage des Unternehmens insgesamt positiv, so führt die Berücksichtigung der Investition zu einer Reduzierung der Steuerschuld des Gesamtunternehmens. Dieser Betrag kann der Investition als Steuererstattung zugerechnet werden.

19. Das Zinsmodell vergleicht eine versteuerte Sachinvestition mit einer unversteuerten Finanzanlage.

20. Ein Steuerparadoxon bezeichnet den Fall, dass eine Investition erst durch die Berücksichtigung von Gewinnsteuern vorteilhaft wird. Ursache des Steuerparadoxons ist ein Verlust in der Anfangsphase einer Investition, der zu einer Steuererstattung führt. Die Steuererstattung dient zur frühzeitigen Tilgung des Fremdkapitals oder wird am Kapitalmarkt angelegt, so dass insgesamt ein Zinsersparniseffekt eintritt, der größer ist als die zu zahlenden Gewinnsteuern.

21. Nein. Der reale und der nominale Kapitalwert einer Investition sind identisch.

22. Nein. Investitionen und Finanzierungsobjekte sind meist mehrperiodig. Es bestehen Abhängigkeiten zwischen den einzelnen Investitionen und Finanzierungsobjekten. Auch die beliebige Teilbarkeit von Finanzierungsobjekten ist in der Realität nicht immer gegeben.

23. Nein. Vgl. S. 56.

24. Mit der Vermögensendwert- und der Sollzinssatzmethode wird die Annahme des einheitlichen Kalkulationszinsfußes aufgehoben. Es wird ein gespaltener Kalkulationszinsfuß mit unterschiedlichem Kredit- und Guthabenzins berücksichtigt.

25. Mit Hilfe einer Sensitivitätsanalyse berechnet der Bäcker, wie hoch seine Absatzmenge mindestens sein muss, damit sich ein positiver Kapitalwert ergibt. Liegt seine voraussichtliche Absatzmenge über der kritischen Menge, sollte er in den Ofen investieren, liegt sie darunter, sollte er auf die Investition verzichten.